AF233394

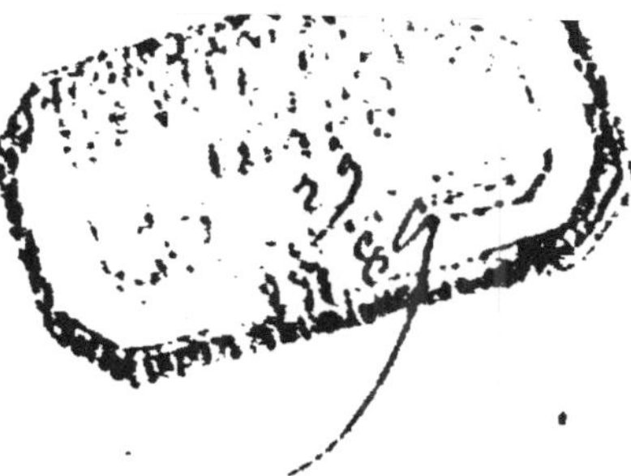

A TRAVERS LA POLITIQUE

DU MÊME AUTEUR

—

HOMMES ET CHOSES

CHATEAUROUX. — TYP. ET STÉRÉOTYP. A. MAJESTÉ.

JULES DELAFOSSE

MEMBRE DE LA CHAMBRE DES DÉPUTÉS

A TRAVERS
LA POLITIQUE

PARIS

E. DENTU, ÉDITEUR

LIBRAIRE DE LA SOCIÉTÉ DES GENS DE LETTRES

PLACE DE VALOIS (Palais-Royal)

1889

AVANT-PROPOS

L'accueil que le public a bien voulu faire à mon premier volume m'a suggéré l'idée d'en publier un autre. Je souhaite qu'on le reçoive avec la même bienveillance, bien que le titre qu'il porte soit fait pour ne tenter personne. *A travers la Politique !* C'est une proposition peu séduisante, en vérité, que d'inviter les gens à revenir vers des spectacles affligeants ou odieux, auxquels toute âme délicate et fière a hâte d'échapper.

Mais il ne dépend pas absolument de nous de rompre avec ce passé douloureux. Il nous tient par les conséquences qu'il continue de porter et par les expiations qu'il nous inflige. C'est précisément pour cela qu'il faut qu'on s'en souvienne.

Si l'histoire est la maîtresse de la vie, comme l'a dit un ancien, c'est à condition pour nous d'en accepter franchement toutes les leçons, et les plus amères sont, d'ordinaire, celles qui nous instruisent le mieux.

Rien, à vrai dire, ne ressemble moins à l'histoire que des articles écrits au jour le jour sur les événements qui passent, et mon ambition ne s'est pas haussée jusqu'à prétendre faire, en réunissant ceux qui composent ce volume, une œuvre de morale historique. Je crois seulement qu'il est bon de raviver certains souvenirs qui s'effacent à mesure que s'éloignent les temps auxquels ils se rattachent. C'est un grand corrupteur que l'oubli. Dès qu'un homme a cessé de se reprocher les défaillances de la veille, il n'est plus propre à faire face aux épreuves du lendemain. On s'achemine ainsi du mal au pire, sans y penser, et l'on arrive au bord du fossé, sans avoir conscience du chemin parcouru. Il me semble que nous ferions la part moins large à l'aventure et aux accidents qui en dérivent, si nous savions mieux résister à ce glissement imperceptible qui nous pousse doucement au scepticisme universel et à l'anarchie définitive.

Si l'on pense, en tout cas, que c'est là matière à des réflexions salutaires, il n'en faut pas davantage pour justifier mon entreprise. Les livres comme le mien n'ont pas de prétention plus haute, et ne peuvent avoir d'autre objet.

J. D.

Février 1889.

A TRAVERS LA POLITIQUE

GAMBETTA ET CHANZY

La mort de Gambetta continue d'être l'événement du jour et le souci du lendemain ; chacun s'essaye à en mesurer les conséquences. Pendant quelques jours encore, la presse n'aura point d'autre sujet de controverse, et le monde politique ne connaîtra pas d'autre préoccupation. La place qu'il occupait dans la République ne peut être, en effet, comblée par une oraison funèbre. Il laisse une politique et un parti en déshérence, et personne après lui n'est de taille à s'en saisir. C'est un vide immense qui s'est ouvert tout à coup dans le régime actuel et qui reste béant.

Gambetta était une personnalité de proportions démesurées, en dehors et au-dessus de la République. On pourrait même affirmer qu'il avait, depuis plusieurs années, cessé d'être républicain. Il n'avait retenu aucun des principes qui sont le propre de la République, et il n'en servait aucun. Il n'en gardait

et n'en célébrait que le nom, parce que, toute monarchie lui étant fermée, et ne pouvant lui-même en
fonder une, la République était le cadre nécessaire de
sa fortune. Son orgueil, ses succès, son ambition en-
vahissante, le mépris qu'il affichait de son parti, l'a-
vaient amené à incliner la République vers une sorte
de césarisme dont il était l'incarnation. Comme il se
savait plus d'esprit, plus de talent, plus d'autorité,
plus de ressources que tous les républicains n'en pouvaient réunir ensemble, et que cette bonne opinion
qu'il avait de lui-même était encore surexcitée jusqu'à la frénésie par le zèle adulateur de ses familiers,
il y avait une certaine logique dans la dictature qu'il
exerçait, à côté du pouvoir régulier, en attendant
qu'il s'en saisit officiellement. A quoi bon livrer aux
stériles disputes du Parlement un pouvoir dont il
portait en lui la force et la grandeur? C'est la théorie des hommes providentiels qu'il retournait à son
usage, et qu'une fraction considérable du parti républicain sanctionnait de son approbation.

Il avait, en effet, une clientèle de jacobins affamés
d'oppression, et tenait ouvertement école d'autorité.
L'opportunisme, qu'il n'a pas inventé, mais dont il
avait fait une méthode, était leur règle commune, ce
qui revient à dire qu'ils répudiaient en bloc tous les
principes, toutes les doctrines et tous les program-

mes, et ne prenaient conseil que de l'occasion.
Au fond, la force était leur seul idéal : ils ne
croyaient qu'en elle et ne voulaient gouverner que
par elle. Si l'on veut prendre mesure des déviations
qu'a subies, de ce chef, la politique républicaine, il
suffit de comparer les revendications libérales des
dernières années de l'Assemblée nationale aux théories absolutistes de la presse dévouée à Gambetta.
Le système autoritaire s'y étalait sans voiles, et, jusque dans les couloirs de la Chambre, on professait
des aphorismes que les sectateurs les plus forcenés
du Deux-Décembre eûssent à peine acceptés.

On comprend ce qu'une pareille puissance avait
de formidable, et quels dangers elle faisait courir à
la liberté, alors même qu'elle ne s'exerçait que pa-
rallèlement au pouvoir ; devenue maîtresse du pouvoir, elle lui eût été mortelle. Sans doute, l'épreuve
qu'avait faite Gambetta du ministère lui avait peu
réussi ; il avait été diminué par sa chute, et sa popularité, naguère souveraine, était sérieusement enta-
mée dans le pays tout entier. Mais on aurait eu tort
d'en conclure que son retour aux affaires était impossible.

Le temps combattait pour lui. A mesure qu'il adou-
cissait les griefs et dissipait les rancunes des coteries
qui l'avaient renversé, il usait les hommes qui pou-

vaient, par accident, occuper sa place, et l'heure apparaissait prochaine où le dictateur, debout et triomphant, ressaisirait d'une main souveraine le pouvoir dont on l'avait témérairement dépossédé. Jamais la majorité républicaine n'a cessé de considérer Gambetta comme son maître, et s'il eût tardé à revenir, c'est elle qui fût allée le chercher !

Or, Gambetta n'était pas un chef de gouvernement que l'on pût condamner à la politique terne, modeste, effacée, humiliée, inerte, qui a été jusqu'ici le programme de la République, et peut-être son salut. Ses défauts de tempérament et d'esprit le vouaient fatalement aux aventures. C'était une nature essentiellement déréglée, sans équilibre, sans assiette, sans méthode, sans rectitude, ayant des clartés de tout et des notions précises sur rien. Aux rêves de son imagination, naturellement grandiose, se mêlaient les revendications de l'orgueil national, et c'est un sentiment dont il sied de lui tenir compte. Cette inspiration était généreuse et noble, alors même que la politique qui en dérivait était détestable. Mais ces excitations diverses prédestinaient Gambetta aux accidents. Il avait besoin d'occuper le monde et de l'étonner. C'est lui qui fut le principal inspirateur de la politique philhellène pratiquée par M. Waddington et M. de Freycinet, et l'on sait qu'elle a été le principe de notre déchéance en Orient. On n'a pas oublié avec quelle impétuosité il s'était jeté dans l'aventure égyptienne, et avait tablé sur l'alliance anglaise, alors que l'Angleterre lui refusait sa coopération. Nous ne savons quels événements nouveaux sa turbulence politique eût fait naître; mais il était dans la logique de sa destinée de déchaîner quelqu'un de ces conflits qui bouleversent la surface du monde et changent le sort des nations.

Quelle en eût été la fin? L'Allemagne lui a fait l'honneur de dire sur sa tombe qu'elle perdait en lui son ennemi le plus redoutable. Le plus bruyant, peut-être; mais l'ennemi le plus redoutable de l'Allemagne, l'homme de la revanche, pour l'appeler du nom dont on décorait Gambetta, serait celui qui nous referait des mœurs et des forces capables de reconquérir ce que nous avons perdu. C'est une œuvre que Gambetta n'avait pas accomplie, et voilà pourquoi la France avait quelque raison de redouter l'esprit d'aventure dont il était possédé. Ses ressources étaient loin d'être égales à son imagination.

Voilà l'homme que la République a perdu. Est-ce un affaiblissement pour elle? Oui, certes, puisqu'il était le plus grand et le plus fort de tous; oui, puisqu'il personnifiait aux yeux du vulgaire, dont le monarchisme invétéré survit aux révolutions, le gouvernement républicain; oui, enfin, puisqu'il était la tête de la république, et que, lui tombé, elle semble décapitée.

Les républicains savent mieux que nous ce qu'ils ont perdu, et l'on peut en croire leur témoignage. L'éclat inusité de leur deuil et la pompe exceptionnelle des funérailles disent assez haut quelle place occupait l'homme qu'ils enterraient, comme ils eussent enterré la République elle-même, et combien la catastrophe est irréparable !

Il me paraît douteux cependant que l'impartiale histoire égale jamais ses hommages aux regrets de ses amis. Elle dira sans doute que Gambetta avait plutôt rêvé la grandeur de la patrie qu'il ne l'a réalisée. Or, les hommes d'État qui ont droit à la reconnaissance de leur pays, et méritent de vivre dans le souvenir de la postérité, ne sont pas ceux qui ont eu seulement des aspirations généreuses et les ont traduites en harangues retentissantes, mais ceux qui les ont mises en action, et les panégyristes de Gambetta trouveront plus aisément des phrases à inscrire sur le monument qui l'attend que des actions faites pour l'immortalité.

En même temps que Gambetta, disparaît un homme qui fut plus grand et meilleur que lui. La mort soudaine du général Chanzy risque de passer inaperçue, au milieu de l'assourdissant tapage qu'a causé

la disparition du dictateur, et du bruit qu'ont entre-
tenu ses funérailles. C'est un événement considérable cependant, et si la conscience publique savait
mesurer ses regrets aux services rendus, c'est sur le
soldat qu'elle reporterait la meilleure part de son
deuil. La renommée du général Chanzy datait seulement de la guerre de 1870, et, quoique toute jeune,
elle n'avait guère d'égale dans l'armée française. Il
fut, en réalité, le seul homme de guerre que ces jours
d'épreuves aient mis en lumière, et si, dans cette
succession de désastres, on rencontre un léger reflet
de gloire et d'honneur, il nous est venu de lui. Que
Gambetta ait été l'âme de la défense nationale, nous
y consentons; mais c'est le général Chanzy qui en
fut le soldat. Sa campagne à la tête de l'armée de
la Loire fut un miracle de tous les jours. C'est son
énergie, sa ténacité, sa résistance indomptable aux
situations les plus désespérées qui ont fait l'honneur
de ces sombres journées, et si l'on fait gloire au tri-
bun d'avoir proclamé la guerre à outrance, quels
hommages ne doit-on pas au soldat qui l'a si intrépi-
dement soutenue?

Ce n'est un secret pour personne que le général
Chanzy était un candidat éventuel à la présidence de
la République. Il n'avait pas de lui-même affiché
cette ambition; mais le monde politique l'avait de-

puis longtemps proclamée. Il y était en quelque sorte prédestiné par sa haute situation militaire, et par les grandes charges politiques qu'il avait occupées. Si la présidence était devenue inopinément vacante, il eût été le candidat préféré de tous ceux qui ont le dégoût ou la peur du jacobinisme, et il n'est pas certain qu'ils n'aient pas la majorité dans le Parlement, comme ils l'ont dans le pays.

D'un autre côté, la présidence obscure, inerte et par trop bonasse de M. Grévy déconcerte et désoblige ce pays en qui survit l'éducation monarchique, et qui ne peut se résigner à prendre le roi d'Yvetot pour l'idéal du chef d'Etat. Il eût trouvé à la fois une garantie et une revanche dans l'élévation à la magistrature suprême d'un homme d'épée, jouissant d'un grand renom militaire et portant avec lui ce prestige de l'uniforme qui, quoi qu'on dise et quoi qu'on fasse, ne cède jamais le pas à l'habit noir.

Il est donc certain que Gambetta qui, lui, ne dissimulait pas ses ambitions, eût trouvé un concurrent redoutable en la personne du général Chanzy, et voici que la mort les réunit l'un et l'autre, à la même heure, dans le même néant. Qui va leur succéder ? Personne ! Il ne reste après eux que des individualités subalternes qui peuvent hausser leurs convoitises jusqu'au rang suprême, mais n'ont aucun titre à les justifier. La république se dépeuple et ne se recrute pas. C'est une cause d'anémie dont elle peut mourir.

On objectera, sans doute, qu'en République il n'y a que les institutions qui comptent, et que les hommes ne sont rien. La théorie est juste, mais il faut l'entendre. Elle signifie qu'il est dangereux pour un Etat républicain de s'incarner en quelques hommes d'élite, et de faire reposer sur eux ses propres destinées, parce que, lorsqu'ils viennent à disparaître, tout risque de crouler avec eux. Mais elle ne veut pas dire que la République est d'autant plus vraie et ses institutions d'autant plus sûres que son personnel est plus médiocre et moins méritant. C'est pourtant à ce niveau dans la médiocrité que la République en est arrivée, et chaque homme supérieur qui disparaît la fait descendre plus bas. Il reste à savoir si un pays qui a connu toutes les gloires, toutes les grandeurs et toutes les fiertés, et porte encore en ses souvenirs l'éblouissant témoignagne de sa longue primauté dans le monde, s'accommodera longtemps de cette dégradation.

5 janvier 1883.

LE MAL SOCIAL

Si les grèves et l'effervescence révolutionnaire qui les accompagne n'étaient qu'un accident dans le régime actuel, on le subirait sans trop de souci, comme on supporte la grêle ou la gelée, en se fiant aux jours prospères pour réparer leurs ruines. Mais ce n'est point un accident : c'est l'indice d'un mal social qui grandit tous les jours, le prélude de catastrophes éclatantes et prochaines que la République ne peut que précipiter au lieu de les prévenir. Personne ne voit clair à trois mois devant soi ; mais tout le monde sent que tout craque et s'émiette autour de nous ; qu'une révolution formidable s'organise et se fortifie dans l'ombre, que les pouvoirs publics, complices de l'orgie révolutionnaire, sont incapables de se défendre et de nous défendre, et que tout cela doit inévitablement finir, comme le cinquième acte du *Prophète*, par l'explosion expiatoire qui fera tout sauter ensemble, la République, la société et les partis. — « Tous coupables et tous punis ! »

D'où vient cela ? De causes multiples dont la République a la plus large part : de ses complicités révolutionnaires et de son imbécillité gouvernementale, du matérialisme qu'elle enseigne, de l'indiscipline sociale qu'elle répand, des haines qu'elle échauffe, des appétits qu'elle déchaîne, des scandales qu'elle étale, et surtout des cuisantes déceptions qu'elle inflige à son propre peuple. Avant qu'un coup de fortune les eût poussés au pouvoir, nos républicains étaient les prosélytes les plus fervents de la révolution démocratique et sociale. Ils tenaient boutique de réformes et prêchaient éloquemment pour le travail contre le capital, pour l'ouvrier contre le patron, pour l'exploité contre l'exploiteur, pour les manifestants contre la police, et pour l'insurgé contre le pouvoir. Ils ont fait de ce peuple ignorant et crédule le marchepied de leur fortune ; ils marchent encore aujourd'hui sur ses épaules, et quand ces malheureux, grisés d'espoirs chimériques, commencent à s'éveiller de leur rêve et demandent à toucher les biens promis, on leur fait répondre que « le conseil des ministres a décidé les mesures les plus sévères pour le maintien de l'ordre. » N'est-ce pas d'un comique à faire trembler ?

Ce dédain du régime actuel pour les couches inférieures et troublées de la démocratie républicaine n'est ni politique ni humain. Nous ne sommes pas suspects, nous autres réactionnaires, de complaisance ou de faiblesse pour les déclamateurs des clubs et les révolutionnaires de la rue. Mais si j'étais républicain, cette agitation socialiste serait mon principal et constant souci, et je ne croirais pas avoir garanti la République contre ses effets en y répondant par une exhibition de casse-têtes. C'est que, s'il y a des socialistes partout, le socialisme est un mal essentiellement républicain. Il est même, à y regarder de près, toute la République, en ce sens que les aspirations révolutionnaires d'où la République est sortie procèdent presque toutes de lui, et que la République, pour être fidèle à sa loi d'origine, doit se résoudre en lui. La République dédaigneuse ou persécutrice du socialisme n'est qu'un mensonge ou un leurre.

Qu'est-ce que le socialisme? On ne l'a jamais nettement défini, et c'est là, précisément, ce qui fait sa force. S'il avait une formule concrète, une doctrine tangible, un programme réalisable, il serait relativement facile de faire justice des aspirations chimériques ou bestiales qu'il nourrit. Mais le socialisme n'est qu'une aspiration confuse, et d'autant plus violente qu'elle ne se définit pas. C'est l'idée de tous ceux qui, trouvant la société mal faite, s'insurgent contre elle et prétendent la refondre à leur profit.

> Une loi qui, d'en bas, semble injuste et mauvaise,
> Dit aux uns : Jouissez ! aux autres : Enviez !

a dit Victor Hugo, et c'est contre cette loi que protestent les déshérités.

Un jour, l'excellent Laroche-Joubert s'avisa de crier à M. Dufaure : « Qu'est-ce que vous avez fait pour le plus grand nombre ? » Et M. Dufaure répondit : « Nous lui avons donné la République ! » Laroche-Joubert réunit ses ouvriers dans un banquet, et leur fit part, au dessert, du cadeau de M. Dufaure. Ce fut une huée. La République a fait du chemin depuis ; mais elle n'est pas devenue plus succulente en roulant : c'est toujours la République toute sèche. Quelle différence voulez-vous qu'un terrassier et même un garçon coiffeur fasse entre la République d'aujourd'hui et la monarchie d'hier, entre M. de Polignac et M. Floquet ? Il y a pourtant des milliers et des millions de travailleurs qui avaient fait de ce seul nom de République le symbole de leurs convoitises et l'instrument de leur émancipation. Ces aspirations affirmées par le nom de République ont-elles abdiqué ? Qui peut le croire ? Qui peut croire que cette immense et sombre multitude d'affamés, de rêveurs, de misérables ou de sectaires, dévorés par l'envie ou affolés par la chimère, n'a brisé tant de trônes, essayé tant d'émeutes, déchaîné tant d'horreurs, et payé de la

misère et de la mort ses révoltes périodiques, en un
mot, n'a rêvé, n'a lutté, n'a souffert, n'a rougi de son
sang le pavé des rues que pour le seul plaisir de voir
mettre un bourgeois inutile au pied du trône où régnait un empereur ou un roi?

La République n'a servi jusqu'ici qu'aux républicains qu'elle a nantis, et l'on conçoit que ce troupeau
trouve qu'elle suffit ainsi à sa mission. Mais pour les
républicains d'en bas, pour ceux que Gambetta appelait les « nouvelles couches », au temps où il n'était
encore lui-même qu'un candidat aux dents longues,
la République n'est qu'un commencement, un instrument, un moyen : la révolution démocratique et sociale est son terme et sa fin. Le peuple est logique, et
ses efforts se mesurent exactement aux résultats qu'il
en attend. Or, si la République n'est pas le gouvernement du peuple, et sa revanche à certains égards contre l'oppression des siècles passés, si elle n'est pas
l'application de principes nouveaux dans l'économie
sociale, si elle n'apporte pas une révolution dans sa
destinée, quelle est sa raison d'être? A quoi répond-
elle? Et que signifie le fanatisme quelle soulève encore dans les classes ouvrières, le sauvage amour
dont elle est l'objet?

Ah! nous sommes loin des temps où Gambetta,
mordant à belles dents aux jouissances encore toutes

neuves du pouvoir et de la gloire, déclarait superbement qu'il n'y a pas de question sociale. Il avait
grandi si vite, et son premier coup d'aile l'avait porté
si haut qu'il n'apercevait plus, à ces hauteurs, les
misères d'autrui, et c'est d'un cœur léger qu'il ajou-
tait un verset nouveau aux béatitudes du Sermon sur
la montagne : — Heureux ceux qui n'ont besoin de
rien, parce qu'ils seront ressasiés ! — Nous sommes
loin des temps où les Casimir Périer, les Léon Say et
autres pontifes de la politique obèse faisaient la République tout exprès pour eux, l'accommodaient à
leur génie, la réservaient à leur tutelle et se promet-
taient d'en recueillir tous les profits. Le temps a fait
promptement justice de ces impertinences. La République a grandi suivant son humeur et les fatalités de
son sang. Née de la révolution, c'est l'esprit révolutionnaire qu'elle porte en elle ; son peuple d'élection,
ce n'est pas le centre gauche : c'est l'innombrable armée des misérables, des déshérités, des affamés et des
envieux, de tous ceux, en un mot, qui ont tiré un
mauvais numéro à la loterie de la vie, et prétendent
corriger à leur gré les injustices ou les omissions du
sort à leur endroit. Son programme, ce n'est pas une
contrefaçon des institutions, des lois et des mœurs
monarchiques : c'est l'appel aux rancunes du petit
contre le grand, du pauvre contre le riche, de l'ouvrier

contre le patron ; c'est le cri de la guerre sociale, c'est-à-dire l'émancipation révolutionnaire du prolétariat.

Fra Paolo Sarpi, qu'on ne cite plus guère depuis M. Emile Ollivier, disait que le meilleur moyen de faire taire le peuple était de lui emplir la bouche. *Per farla tacere bisogna otturarli la bocca.* Le peuple n'a point changé de goût ; mais il a changé de méthode. S'il est toujours avide de bien-être et de jouissances, il n'entend pas du tout qu'on les lui dispense ; il prétend les conquérir. Il entre en révolté dans l'État, dont il est le maître de par la loi du nombre, et les réformes violentes qu'il médite ont toutes pour principe et pour fin le renversement des conditions. Ce que seront ces réformes, il l'ignore et ne s'attarde pas à le chercher. Ses éducateurs lui ont rempli la tête de formules merveilleuses et de revendications souveraines qui le tiennent dans une perpétuelle ivresse. — L'atelier à l'ouvrier, la terre au paysan, la mine au mineur ! A chacun selon ses œuvres ! Égalité en tout et pour tous ! — Avec cela, on est socialiste. Le mot, en lui-même, est vide de sens, et ceux qui le portent en panache ne l'ont jamais défini. Mais il est plein de promesses : il sonne l'hallali du vieux monde et ces meutes affamées ne songent qu'à le dépécer. Elles vont : une sombre passion les emporte ; les conventions séculaires qui constituaient

tout notre état politique.et tout notre état social cra-
quent et se disjoignent sous leur poussée victorieuse,
et font place au chaos. Il n'y a sans doute que ruine,
sang et deuil au bout de cette évolution violente
mais qui donc, parmi ces malheureux, pourrait s'en
rendre compte? Un des personnages les plus distingués de la ménagerie de M. Zola, Mme Rasseneur, a
traduit d'une façon particulièrement expressive leur
emportement aveugle et sourd : — « Faut qu'ça
pète ! » a déclaré cette aimable personne. L'explosion
parait, en effet, fatale : trop heureuse la France si la
République seule périt sous les décombres!

Nous assistons depuis plusieurs années à cette intoxication d'un peuple : la République commence à
en recueillir les effets, et l'on a pu voir par les dernières séances de la Chambre de quel effort elle était
capable pour nous en défendre. Jamais gouvernement n'avait donné l'exemple d'un tel affaissement !
Un ministre des travaux publics qui capitule devant
la grève et ne songe qu'à ressaisir et à se faire pardonner une phrase énergique qui lui était échappée à
l'adresse des agiteurs! Un ministre de l'intérieur qui
trouve bon que les conseils municipaux dépensent les
deniers des contribuables en manifestations démagogiques et tient les subventions données à l'émeute
pour un acte d'humanité ! Un ministre de la guerre

qui se pique avant tout de fraternité républicaine et conseille publiquement à ses soldats de partager leurs rations avec les grévistes! Un président du conseil qui cultive l'équivoque au lieu de combattre pour la vérité, qui prétend rassurer les bons sans décourager les méchants, qui met toutes ses ambitions à garder l'équilibre entre la propriété et la spoliation, entre l'ordre et la démagogie! Cela fait honte et pitié! Certes, on savait que ce cabinet composé de pièces disparates n'avait ni volonté ni doctrine; il lui restait à nous apprendre qu'il n'avait ni dignité ni courage et qu'aux revendications révolutionnaires il ne sait opposer qu'une capitulation anticipée.

Avec cela, une Chambre plus délabrée encore, plus pauvre d'esprit politique et de vigueur, consciente du péril qui vient et n'osant le regarder en face, sentant son devoir et trop molle pour le remplir; une Chambre née d'hier et déjà décrépite avant d'avoir vécu, noyée dans l'incohérence, ou grouillant dans la confusion, et si peu sûre de ce qu'elle veut qu'il lui faut deux séances pour rédiger et voter un ordre du jour! Voilà le spectacle que nous donnent aujourd'hui les pouvoirs publics: ce sont là les hommes qui ont charge de peuple! Ah! les barbares peuvent venir: Rome est mûre pour le pillage. Il n'y a plus de barrière entre la République et la Jacquerie.

16 mars 1886.

OUVRIERS ET PATRONS

On a craint, la semaine passée, la mise en grève des quarante mille ouvriers du faubourg St-Antoine. Le conflit, un moment menaçant, paraît aujourd'hui en voie d'apaisement, et il y a tout lieu d'espérer que l'éclat qu'on avait redouté ne se produira pas.

Nous nous en réjouissons sincèrement, car un tel événement pouvait avoir de graves conséquences pour la paix publique. Les circonstances actuelles sont peu propices à de semblables procès. L'état social est profondément troublé. Il y a dans l'air de vagues appréhensions ; on respire la menace et l'on sent la collision partout. La mise à pied de quarante mille ouvriers appartenant au faubourg le plus remuant et le plus excitable de Paris pouvait être un danger public, et nous ne prisons pas si haut l'autorité du régime actuel que nous souhaitions de le voir en face d'une pareille épreuve.

Il ne faut pas se méprendre cependant sur la portée de ce dénoûment pacifique. Le conflit est apaisé ou étouffé provisoirement; mais les causes subsistent, et il n'est pas difficile de prévoir qu'il se reproduira fatalement et à court terme. Les causes, ce sont les exigences croissantes de la classe ouvrière, son infatuation, son ignorance, sa méconnaissance systématique des lois de l'économie politique, son indiscipline, son affiliation aux doctrines socialistes et les tentations irrésistibles qu'elle trouve à mettre au service de ses appétits, plutôt que de ses intérêts, ces deux instruments mortels: la loi sur les coalitions et la loi des syndicats. Il est absolument impossible que des ouvriers, placés dans de pareilles conditions et soumis à de pareilles influences, acceptent docilement la loi du travail, telle que la raison la formule et telle que l'économie politique la sanctionne. La révolte leur paraît être de droit naturel contre ces servitudes sociales qu'ils jugent iniques; et comme ils n'ont d'autre conseil que leurs propres passions, l'émancipation qu'ils rêvent a pour principe et pour terme l'immolation du patron.

La classe ouvrière est aujourd'hui le premier des ordres dans l'État. Elle doit cette primauté bien moins au nombre dont elle dispose qu'aux flagorneries des démocrates qui l'exploitent. L'Empire, avec les intentions les plus libérales et les plus philanthropiques, avait eu le tort de laisser entendre que l'ouvrier se distingue du reste des hommes, et qu'il avait droit à des attentions particulières. La loi de 1866 sur les grèves, l'abolition des livrets, la refonte de certains articles du Code, la création de cités ouvrières, témoignent de cette sollicitude généreuse et louable dans son principe, détestable dans ses effets. Ces libéralités ont eu pour effet de provoquer et d'étendre chez les ouvriers l'esprit de caste, au lieu de les assouplir, et l'Empire n'eut pas de plus furieux adversaires que ceux-là mêmes qui avaient été l'objet de ses préférences. C'est de cette époque qu'on commence à parler de la démocratie ouvrière ; dénomination absurde, car la démocratie, c'est l'universalité des citoyens, et non pas une classe dans la nation. Mais le mot a entraîné la chose, et à l'heure qu'il est, il est communément admis dans la politique républicaine qu'il y a une démocratie particulariste, qui est la seule bonne, la seule vraie, une démocratie d'élection, sur laquelle elle a mis toutes ses complaisances : la démocratie ouvrière !

Il est à peine besoin de rappeler comment les politiques qui vivent sur elle l'ont traitée. C'est un concert ininterrompu d'adulations plates, de flagorneries énormes, de louanges hyperboliques, qui feraient tourner les têtes les plus solides et détraqueraient les cerveaux les mieux équilibrés. Interrogez le premier venu des députés ou des conseillers municipaux de Paris, il vous répondra avec des gestes d'apôtre et des accents lyriques que l'ouvrier parisien est le type idéal de la civilisation contemporaine. Comme citoyen, il entretient et perpétue la grande tradition révolutionnaire : l'esprit de 1792 ne souffle qu'en lui. Comme ouvrier, il est le lévite de l'art français. C'est grâce à lui que le génie artistique de notre race rayonne sur le monde et s'impose à tous. Il est sans émules comme sans imitateurs. Il n'y a que lui ! — Cent journaux répètent quotidiennement ces mêmes sottises, et le malheureux ouvrier s'en grise ingénument. Il croit tout ce qu'il entend et façonne ses ambitions politiques et sociales à la mesure qu'on lui a donnée de sa supériorité. S'il est le grand citoyen qu'on célèbre, il est juste que l'État se mette à son service, et s'il est le maître de l'industrie française, le moins qu'il puisse faire est d'annuler le patron et de se substituer à lui.

Personne n'a souci de lui dire la vérité. Il respire avec délices cet encens grossier qui l'enivre et l'affole, et ne reconnaît pour amis que ceux qui le brûlent sous ses narines. Son ignorance naturelle, d'autant plus redoutable qu'elle est dépravée par une intoxication journalière de sophismes politiques et sociaux, ses préjugés, son infatuation, ses aspirations chimé-

riques, son impatience des servitudes sociales, son fanatisme de serf en rupture de joug, l'arment en
guerre contre la société. Il a l'existence la plus facile
et la plus sûre ; il gagne, sans courir aucun des aléas
du commerce et l'industrie, cinq, six, huit, dix, douze
francs par jour, et se croit une victime. Il ne songe
pas que le patron qui l'emploie n'est jamais certain
de retirer de son travail le prix dont il le paie, qu'il
court des risques énormes, que la concurrence le
combat sur tous les marchés et cherche à l'en évin-
cer, que le client l'éconduit ou ne le paie pas, que la
faillite frappe parfois à sa porte, tandis qu'il rentre,
lui, à son logis, content, chantant et la poche pleine.
Les responsabilités et les dangers du patron sont lettre morte pour l'ouvrier. Il voit simplement un
homme qui cumule le travail de deux ou trois cents
de ses semblables, et il s'estime exploité.

Avec une éducation économique aussi bornée, il
est naturel que les grèves succèdent aux grèves. Il
n'y a de fin logique à ce duel que la suppression pure
et simple du patron. Ils oublient seulement ou ne
veulent pas apprendre que chaque augmentation de
salaire qu'ils imposent diminue d'autant leur champ
de travail. Il est indispensable que le patron élève
ses prix pour équilibrer ses recettes avec cette augmentation de salaire, et cette élévation ouvre la porte

à la concurrence étrangère, qui se substitue à la production française ; ou bien encore il faut qu'il recoure à l'industrie des pays rivaux où la main-d'œuvre est moins chère et laisse quelque place à la rémunération du patron. C'est la raréfaction forcée du travail en France, correspondant à l'invasion des industries de l'étranger. Ainsi s'explique le chiffre croissant de nos importations, tandis que nos exportations diminuent dans les plus inquiétantes proportions. Le seul examen de ce tableau comparatif devrait ramener la classe ouvrière à une appréciation plus saine de ses propres intérêts. Mais c'est un miracle dont elle n'est pas capable toute seule. Il n'est ni raisonnement ni leçon qui puisse avoir raison de cette longue intoxication du sophisme. Ce sera l'œuvre de l'expérience, et l'expérience coûtera terriblement cher. L'ouvrier s'est laissé persuader qu'il est le maître du monde ; il faudra que le monde se révolte à son tour pour attester son indépendance et lui signifier son émancipation.

Il ne manque pas, à vrai dire, d'esprits sages qui conseillent à l'ouvrier parisien d'accepter une diminution de salaire afin de rétablir l'équilibre rompu et de reconquérir le droit au travail. Le conseil serait accepté d'une population moins ignorante et moins infatuée ; l'ouvrier parisien la repoussera comme une injure, et plutôt que de se soumettre à la nécessité, il en appellera à la révolution. La brigue électorale, avec ses adulations, ses promesses et ses mensonges, lui a depuis longtemps fait perdre la tête. Il s'est habitué à l'encens grossier des meneurs. Il a tant de fois entendu vanter son intelligence, ses vertus démocratiques et sa souveraineté qu'il s'est persuadé lui-même qu'il était le maître de toutes choses, et que l'économie politique, comme la politique elle-même, ne devait obéir qu'à lui. S'il chôme et souffre, il refusera d'étudier et de comprendre le phénomène international d'où lui viennent ses souffrances, et plutôt que de faire à l'implacable loi du travail les concessions qu'elle réclame, il cherchera dans la violence le dénouement d'une crise qui est son œuvre.

Un des journaux les plus graves et plus réfléchis du parti républicain, le *Temps*, étudiant récemment ce sombre problème, attribuait la crise sociale à un excès d'idéalisme. « Les classes qui travaillent pour vivre, disait-il, souffrent incomparablement moins qu'elles n'ont jamais fait ; mais il s'est développé chez elles la notion que rien n'est plus impossible dans la voie de ces améliorations où elles ont déjà fait des pas si étonnants. Il semble que tout soit possible à l'homme, qu'il n'ait qu'à décréter la fin des inégalités naturelles, qu'il réussira un jour à supprimer la misère, et pourquoi pas la maladie et la mort ? Il s'est glissé dans les consciences un optimisme absolument romanesque, et dont les raisonnements prennent la forme suivante : telle condition sociale est un mal, donc elle doit disparaître, donc elle peut disparaître et disparaîtra dès que nous le voudrons. »

Le *Temps* a raison ; mais pourquoi ne remonte-t-il pas aux causes de cette maladie sociale dont il dénonce les effets avec tant de vigueur et de sûreté ? Parce qu'il serait obligé d'accuser son propre parti, et le régime même dont il est un des plus fermes soutiens. Ces aspirations irréalisables, insensées, qui ont envahi et déformé l'âme du peuple, ne sont-elles pas l'œuvre de l'enseignement républicain ? N'est-ce pas la République qui a déshabitué le peuple des croyances spiritualistes qui le soutenaient dans l'épreuve et changé ses aspirations idéales en appétits ? Vous avez remplacé l'espérance et la foi par une négation : soit. Mais si la destinée de l'homme s'accomplit tout entière ici-bas, le devoir devient singulièrement facile ; il consiste à s'assurer la plus grande somme de jouissances, sans regarder aux moyens. Le crime même est licite, s'il est l'œuvre du nombre ; car alors les lois qui le condamnent n'ont plus ni principe ni sanction. Or, c'est le plus grand nombre qui souffre, et ce n'est pas miracle s'il s'insurge contre

les inégalités qui l'oppriment. Par vos flagorneries
démocratiques et par votre enseignement matérialiste
vous avez fait de l'ouvrier un être infatué, absurde,
extravagant, irréligieux et révolté. Il conforme simplement sa conduite à vos doctrines, en réclamant sa
part dans le partage des biens de ce monde. Il n'y a
que les croyants qui se résignent; les autres se révoltent, parce que les appétits n'attendent pas.

Il faudrait une révolution sociale dans la politique,
dans l'enseignement et dans les mœurs du parti républicain pour remédier à ce mal, et le remède arri-
verait probablement trop tard. Nous ne comptons
pas sur ce miracle. Pour qu'une telle révolution s'ac-
complît, il faudrait que la République cessât d'être
elle-même, et se convertît aux principes de gouvernement qui ont été la loi commune des monarchies
dont elle a pris la place. Autant dire que la République doit disparaître, pour que le peuple recouvre ses
vertus et sa raison. Mais l'intoxication révolutionnaire peut avoir fait de tels progrès que la France
actuelle soit incapable de supporter un autre régime.
Le mal serait alors sans remède, et la société française devrait mourir des vices que la politique républicaine lui a inoculés.

6 novembre 1882.

PAR LA DYNAMITE

Bombes à Lyon ! bombes à Montpellier ! incendies à Amiens ! menaces partout ! Voilà sous quel réjouissant aspect se manifeste la République contemporaine, après l'épuration. Nous aimons à penser que nos gouvernants, tout bornés qu'ils sont, ne prennent pas ces manifestations pour de simples faits-divers. Ce sont de terrifiants symptômes, et le mal qu'ils dénoncent a fait de tels progrès qu'il est peut-être sans remède.

Nous assistons à une curieuse et redoutable révolution dans les mœurs du socialisme. Certes, les revendications anarchiques et les explosions révolutionnaires qui en dérivent ne sont pas des nouveautés ; ce sont des phénomènes aussi vieux que les sociétés au sein desquelles ils se produisent. Partout où l'inégalité devient poignante, il y a un appel à la révolution. C'est une fatalité qui pèse sur l'immense et sombre armée des misérables que de vouloir corriger par la force les injustices du sort à leur endroit.

Il n'est pas de peuple qui n'ait eu ses socialistes, de quelques noms, d'ailleurs, qu'ils aient paré leurs doléances et leurs revendications ; il n'est pas de civilisation qui n'ait été ensanglantée par leurs révoltes. Car le socialisme est l'envers des civilisations brillantes. Plus un peuple est civilisé, plus il a de jouissances : mais ces jouissances mêmes, témérairement étalées par les heureux, accusent plus vivement l'inégalité des conditions, et l'envie fermente au cœur des déshérités. Il vient fatalement une heure où ces passions, longuement amassées et nourries par des milliers d'hommes qui souffrent ensemble des mêmes privations et s'animent aux mêmes vengeances, font explosion.

Mais, jusqu'ici, ces explosions du travail exaspéré se manifestaient d'une manière à peu près uniforme. Des bandes quittaient subitement l'outil pour prendre les armes et se jetaient furieusement dans la guerre civile. Alors, pendant un temps plus ou moins long, suivant la force de l'insurrection et la force de résistance de la société qu'elle battait en brèche, le meurtre. le pillage, l'incendie, la dévastation sous toutes ses formes, ravageaient quelques villes ou quelques provinces. C'était une tempête humaine qui secouait un peuple comme l'ouragan balaye la terre. Puis, la répression avait son tour et accomplissait son œuvre sanglante. Les révoltés rencontraient l'armée sociale et se brisaient contre elle. Les fanatiques mouraient dans la bataille : les autres, découragés ou refroidis, abandonnaient la lutte et retournaient prendre le collier de misère, léguant à d'autres générations leurs passions inassouvies et le soin de les venger.

Le socialisme de nos jours a d'autres allures. C'est le même esprit de révolte et de vengeance que l'ancien; mais il procède par des moyens nouveaux. Il répudie les mouvements désordonnés, parce qu'ils font la part trop belle à la répression. A la fureur aveugle qui passe comme une trombe et dévaste sans résultat, il a substitué une méthode qui agit dans l'ombre et distribue scientifiquement les coups. Il tient ses assises dans les réunions publiques et les congrès ouvriers, où il étale solennellement et résolûment ses revendications. Il prépare ainsi le peuple des travailleurs à l'action prochaine. Il a ses journaux qui attisent les haines, avivent l'esprit de destruction, dénoncent aux ignorants et aux faibles l'oppression bourgeoise et l'injustice sociale, vulgarisent les procédés et les méthodes, et enseignent nettement l'assassinat; pour instrument, enfin, il a la bombe ou le paquet de dynamite.

Rien n'est si simple et si sûr. On a décidé la ruine d'un établissement? Deux ou trois affiliés iront nui-

tamment déposer quelques cartouches de dynamite
au pied des murs, et l'établissement sautera, sans
que la préparation du crime ait trahi personne. On a
juré la mort d'un chef d'industrie? On lancera une
bombe sur son passage, et il sera foudroyé. D'où vient
le coup? Cherchez! La foule n'a pas de nom. Et, en
supposant qu'on trouve l'assassin, qui désormais l'o-
sera condamner? N'est-ce pas le plus effrayant des
symptômes que le fait qui vient de se produire aux
assises de Saône-et-Loire? Le jury chargé de juger les
insurgés de Montceau-les-Mines a été assailli par de
telles menaces que le ministère public a dû le déclarer
incapable de faire justice, et demander le renvoi de
l'affaire à une autre session. Mais à la session prochaine, les menaces seront plus atroces encore : où
rencontrerez-vous des jurés plus fermes? La justice
se trouve par le fait suspendue : la loi devient inerte,
la force armée impuissante. La ruine et la mort pla-
nent partout et peuvent frapper à coup sûr : on ne
leur répondra pas !

C'est là une situation effroyable et telle qu'aucune
société n'en a jamais connue. Le nihilisme russe ac-
climate chez nous ses mœurs et ses moyens. Quelques centaines de sectaires, portant une bombe de
dynamite dans leur poche, paralysent le travail de
toute une région, tiennent en échec la justice sociale

et annulent les pouvoirs publics. Où est le remède? Nous ne nous dissimulons pas que l'examen d'un pareil problème dépasse de beaucoup les préoccupations de parti. Mais, si c'est une difficulté pour tous de trouver et d'appliquer le remède, il est un parti, du moins, à qui manque toute qualité pour une telle mission : c'est le parti qui est aujourd'hui censé nous gouverner. Le mal social qui se révèle par ces horreurs et par ces menaces plus effroyables encore, n'est qu'un dérivé de ses œuvres. C'est la politique qu'il enseigne et pratique qui se résout en anarchie. Il y a une affinité étroite et une solidarité parfaite entre les réformateurs de l'éducation nationale et les sectaires assassins qui en font l'application. Quand on sème le matérialisme, il est naturel qu'on récolte la bestialité. Rien ne distingue M. Jules Ferry ou M. Paul Bert des ravageurs de Saône-et-Loire, si ce n'est la supériorité de fait qu'ont toujours les hommes d'action sur les théoriciens.

Il serait, en vérité, dérisoire de demander à ces complices de se changer subitement en sauveurs. L'opportunisme est si bien convaincu lui-même de son impuissance que le seul palliatif qu'il ait encore indiqué est la confiscation. La *République française* a laissé entendre à M. Chagot et aux chefs d'industrie qui sont conservateurs comme lui, qu'on pourrait bien les déposséder, s'ils continuaient de faire aussi mauvais visage aux doctrines jacobines. L'Etat, à ce compte, se ferait volontiers exploiteur de mines comme il est exploiteur d'écoles. Quel bénéfice pour les mineurs d'avoir M. Gambetta pour patron, au lieu du clérical M. Chagot! Comme les conditions des travailleurs s'en trouveraient changées ! Et avec quelle joie profonde ils sacrifieraient au socialisme d'État leurs appétits et leurs colères !

Quand les gens poussent à un tel degré l'infatuation politique, on a le droit de ne plus raisonner avec eux. C'est une intoxication de jacobinisme qui défie toute contradiction ; mais elle porte, du moins, témoignage de l'impuissance radicale de ce parti à fournir un remède quelconque aux maux qu'il a déchaînés sur notre pays. Nous voyons que leur justice s'épouvante et que leur politique incline plutôt vers la complicité que vers la répression. L'audace croissante des anarchistes est faite de cette faiblesse qu'ils connaissent et qu'ils exploitent, et comme le régime actuel est non seulement impuissant à se défendre lui-même, mais qu'il a désarmé tout le monde autour de lui ; comme il a dénoué ou rompu le faisceau des forces sociales, démoli les institutions, sapé les principes et décomposé la société elle-même jusqu'à l'émiettement ; comme il n'y a plus rien en France qui se tienne et résiste, il est clair que le socialisme anarchique est bien près d'avoir cause gagnée, et que l'ancienne France, à moins d'un effort improbable, est à la veille de disparaître dans une guerre sociale.

28 octobre 1882.

M. DE MUN ET LES CORPORATIONS

Il n'est point, à l'heure qu'il est, de problème plus considérable et d'un intérêt plus poignant que celui qui est soulevé devant la Chambre, par la question des syndicats professionnels. C'est l'ordre social qui est en cause, et il s'agit de savoir si la France que la révolution nous a faite mourra de l'anarchie qui la travaille incessamment, ou parviendra, par l'effort de ses *leaders*, à vivre dans l'harmonie, la paix et la sécurité. M. de Mun a ouvert cette discussion avec une éloquence et une résolution qui ne seront pas égalées. A l'élévation naturelle et toujours sereine de sa parole, l'orateur catholique joint l'incomparable avantage de savoir nettement où il va et ce qu'il veut. C'est un critique doublé d'un apôtre et d'un réformateur. Il ne se contente pas de dénoncer la détresse, les erreurs et les vices de la société révolutionnaire, toujours menacée de naufrage; il montre aussi où est le port, et lors même que ce port ne serait qu'une vision ou qu'un souvenir idéalisé, il y a dans la foi qui l'anime, dans la certitude qui le possède et qu'il voudrait répandre, une séduction et une puissance auxquelles ses adversaires n'atteindront jamais ; car ils n'ont pour lot que le nihilisme ou l'expédient. Ce n'est pas avec cela qu'on fonde ou qu'on gouverne les sociétés.

Il n'y a rien à reprendre au navrant tableau que M. de Mun a tracé des conséquences de l'émancipation révolutionnaire. La Révolution, en effet, émancipa le travail ; elle abolit les corporations qui le protégeaient, mais qui le tenaient en même temps asservi ; elle détruisit les règlements, les traditions et les coutumes qui entravaient la libre initiative de l'ouvrier et limitaient le champ de son action. Mais elle ne substitua rien à l'organisation qu'elle venait de détruire. Elle proclama simplement l'individualisme, au détriment de la famille professionnelle, et déchaîna dans le monde des forces que le système des corporations avait disciplinées. Depuis lors, la société démocratique est toujours en mal d'insurrection. L'antagonisme est né entre le travailleur et celui qui l'emploie, entre l'ouvrier et le patron, entre le capital et le travail, et cet antagonisme, chaque jour plus aigu apparaît, hélas ! irrémédiable.

L'émancipation du travail veut que l'ouvrier ne soit pas plus limité dans ses ambitions qu'il n'est limité dans sa liberté. Comme il fait ce qu'il veut, il demande ce qu'il veut de son travail. C'est une marchandise qu'il vend le plus cher possible ; son intérêt va de pair avec son droit. Mais ce droit a son revers : c'est la concurrence. L'élévation indéfinie du prix de la main-d'œuvre aurait pour conséquence nécessaire l'élévation indéfinie des prix de vente. Seulement il arrive que tel travailleur offre à meilleur marché ce que tel autre voulait vendre plus cher, et l'offre de l'un abaisse nécessairement les exigences de l'autre ; l'équilibre s'établit ainsi dans le marché des produits ; il pèse sur le salaire, et comme le bon marché est la loi de la concurence, l'objectif immédiat et l'idéal même du progrès, il s'ensuit que la liberté du travail n'est, en fait, qu'une fiction, puisque le travailleur n'a pas la libre disposition du salaire. Une servitude plus lourde que le joug des anciennes corporations pèse sur sa condition ; car non seulement elle limite, restreint et abaisse le prix de son travail, mais elle le condamne parfois au chômage, à la misère et la mort.

Cette condition toujours subalterne et souvent poignante des classes ouvrières a, de bonne heure, ému les gouvernements, et dès le lendemain de 1792, des efforts incessants ont été faits pour l'améliorer ; ces efforts se renouvellent toujours. Tous ont été sans effet ; quelques-uns même, comme la loi de 1866, sur les coalitions, qui assure la liberté des grèves, n'ont été dans les mains des ouvriers que des instruments de ruine, ou de provocation à la guerre sociale. Il faut une certaine éducation économique pour comprendre que la grève tourne à la ruine de celui qui l'emploie : « Maintenant qu'ils l'ont, disait M. Jules Simon, en parlant de la loi 1866, ce qui peut arriver de mieux pour l'industrie, pour la société et pour eux-mêmes, c'est qu'ils ne s'en servent pas. » Il s'adressait aux ouvriers, et les ouvriers n'ont pas entendu. Ils ont multiplié les grèves, en ces derniers temps, et chaque grève a été un désastre pour l'industrie nationale et pour leur propre condition. Ils ont ouvert la porte à la concurrence étrangère, se sont aliéné leur ancienne clientèle, et la concurrence qu'ils ont ainsi provoquée prime jusque sur le marché français leurs produits.

Il en sera de même des syndicats professionnels. M. de Mun l'a dit, avec autant de raison que d'éloquence, et nous ne pouvons mieux faire que de citer ses paroles ; car il n'est pas un économiste, pas un observateur qui ne professe la même opinion que lui, sur l'avenir de cette institution nouvelle : « La caisse des syndicats servira presque exclusivement à alimenter les grèves ; elle ne deviendra jamais un instrument de production. Les syndicats donneront aux ouvriers une arme pour faire hausser les salaires ou diminuer les heures de travail, mais ne leur donneront pas ce qui leur manque par-dessus tout : la sécurité de l'avenir, la stabilité de la condition et l'élévation progressive de la profession, et ainsi ils n'apporteront aucun remède à la grande plaie du prolétariat, c'est-à-dire à la situation de cette masse immense de travailleurs qui vit au jour le jour, sans foyer, sans lendemain, sans moyens certains d'existence. »

M. de Mun a signalé le mal d'une main ferme et sûre. Apporte-t-il le remède ? Il le croit, il le dit et il le propose hardiment. Le remède, c'est le retour aux corporations ; c'est la restauration de la famille professionnelle qui doit amener, selon lui, l'harmonie dans le monde du travail, la réconciliation entre l'ouvrier et le patron. Nous avons quelques doutes sur l'efficacité du remède ; car le moule de l'ancienne société est brisé et l'on ne peut guère songer à faire revivre ses institutions, sans l'accompagnement obligé de ses idées, de ses pratiques, de ses traditions, de sa hiérarchie et de son gouvernement. Mais si le remède nous paraît incertain, il ne nous déplaît pas qu'on l'essaie. M. de Mun ne demande pas la corporation obligatoire ; il ne contraint personne, et laisse ouvriers et patrons libres d'accéder à son système ou de le dédaigner.

La plupart s'y refuseront, parce que l'ouvrier d'aujourd'hui est essentiellement réfractaire à la discipline et à la hiérarchie, et que la corporation aura toujours, à ses yeux, l'apparence d'une camisole de force qu'il refusera d'endosser. L'esprit qui le mène est fait d'indépendance et de révolte, et plus ses souffrances s'exaspéreront, plus il sera tenté d'en chercher la fin dans l'anarchie socialiste qui conduit toujours à l'insurrection. Là est le mal social, là est la menace incessante, là est le péril, et bien loin de le conjurer, la prédication révolutionnaire l'irrite tous les jours. Le remède, s'il en est un, serait dans une refonte complète de l'éducation populaire, et comme cette éducation doit être conservatrice au premier chef, il n'y a dans la République ni maître pour la donner ni peuple pour la recueillir.

Mais, à défaut de cette réforme, que le régime actuel refusera toujours, parce qu'il vit précisément des sophismes et des déclamations qu'il faudrait confondre, on pourrait toujours essayer du système préconisé pas M. de Mun, puisqu'il se rencontre des ouvriers et des patrons disposés à tenter l'expérience. La grandeur des intérêts qui sont aux prises, et dont l'antagonisme menace incessamment l'ordre social, mérite qu'on fasse librement et sincèrement l'essai de tous les remèdes. M. de Mun et ses adhérents ne réclament, d'ailleurs, que le droit commun et l'usage de la liberté. Ils ne demandent rien à l'État, et n'imposent à l'ouvrier aucune servitude. La corporation est toujours ouverte : entre qui veut et qui veut sort de même.

Mais la tyrannie jacobine se prêtera-t-elle à cette libre expérience ? Il est permis d'en douter, si l'on en juge par les objections, plus pittoresques que solides, de M. Lockroy. M. Lockroy est homme d'esprit, à ses heures ; mais il n'a trouvé hier qu'une calembredaine pour répondre à M. de Mun. « Votre système, lui a-t-il crié, n'est que du socialisme de de sacristie ! » Le mot a fait fortune auprès d'une majorité qui préfère d'instinct les gros mots aux bonnes raisons, et c'est assez pour qu'on se dispense de chercher un autre argument. Socialisme de sacristie, soit ! Faites mieux, si vous pouvez et surtout faites quelque chose. Montrez-nous que la philanthropie républicaine connaît d'autres remèdes, ou qu'elle a simplement souci du mal social que d'autres lui dénoncent et s'emploient à guérir !

Juin 1883.

POLITIQUE FORAINE

M. Brisson a donné sa démission. Il est définitivement rentré au pays des ombres d'où jamais il n'eût dû sortir. Si l'histoire lui fait l'honneur de s'occuper de lui, elle dira qu'en aucun temps et dans aucun pays elle ne rencontra sire de plus pauvre mine et de si pauvre esprit. Qui va lui succéder? La chasse aux portefeuilles est ouverte, et la sarabande des combinaisons ministérielles a commencé. Quels seront les élus? Sera-ce Freycinet, Floquet, Goblet, Turcaret, Bilboquet, Passe-lacet, Tricoche ou Cacolet? Tous ces personnages, avec des nuances diverses, ont des aptitudes pareilles et, par conséquent, des titres à peu près égaux au gouvernement de la République; et, si le chef de l'Etat faisait congrûment les choses, il les tirerait à la courte-paille. Il aurait tort de s'inquiéter de l'effet que pourrait produire cette méthode nouvelle sur l'opinion publique. Ce sont là des choses dont elle s'est depuis longtemps désintéressée. Peu lui chaut que la République tire ses ministres de l'Institut ou de Nouméa. Cela ne la regarde plus !

Il y a tout juste entre elle et lui le genre de relation qui peut exister entre une baraque de foire et le public. Et de fait, la République ressemble à une de ces fêtes débraillées et nationales où les gamins tirent des pétards du matin au soir. Le pétard est l'amusement favori des républicains. Pourquoi non? Il effraie les passants, affole les chevaux, trouble la circulation, cause des accidents : on n'a jamais trouvé mieux pour divertir les gens de cette humeur. De même, en politique, le gouvernement et les groupes ne savent guère que tirer des pétards. Ce sont, à leur façon, des forains, toujours en représentation, et le métier ne leur permet pas le repos.

Il leur arrive bien de crier: « Aux affaires! aux affaires ! Le pays a soif d'affaires ! » Mais ils n'en font rien. Pour pratiquer la politique d'affaires, il faudrait avoir l'éducation solide et l'expérience longuement éprouvée qui leur manque à tous. Députés ou ministres de la République, ce sont presque tous des fils de la grande bohème révolutionnaire, et des politiciens improvisés. Ces gens-là ont fait leurs études politiques dans les cercles ou dans les cafés de leur ville, et c'est en dégustant journaux et petits verres qu'ils sont devenus représentants du peuple. En

France et sous un pareil régime, l'homme qui ne parle pas n'est propre à rien. Eût-il le génie de Colbert et de Turgot, s'il ne sait pas « blaguer », on ne pensera jamais à lui. Mais qu'un avocat de pacotille, un médecin tout frais émoulu des brasseries du quartier Latin, un pharmacien rival de l'immortel Homais tienne ses assises tous les soirs au Café National et liquide toutes les questions pendantes en dix minutes, ce hâbleur passera grand homme en quelques semaines ; et lorsque viendront les élections prochaines, c'est lui qui sera candidat, c'est lui qui sera député, et c'est lui sans doute aussi qui sera ministre.

Il y a dans la majorité républicaine qui siège actuellement au Palais-Bourbon, tant de gens fondus sur ce type qu'on ne distingue plus entre eux.

Ils ont à peu près tous la même origine, les mêmes idées, les mêmes talents et les mêmes ambitions. L'instabilité ministérielle tient précisément à cette poussée incessante d'appétits rivaux qui se pressent et se bousculent pour arriver plus vite. Et cette rivalité qui bat la poussée de son flot incessant est vraiment la seule chose à laquelle il n'y ait rien à reprendre. Comme ils se valent tous les uns les autres, tous ont les mêmes droits, et il n'existe aucune raison légitime de préférer celui-ci à celui-là. On éviterait toutes ces intrigues et toutes ces crises ministérielles en instiluant, par exemple, des cabinets renouvelables tous les mois, et dont les membres seraient tirés au sort.

Les nouveaux, communément empressés à justifier leur grandeur future, témoignent d'une ardeur de réforme inextinguible. Ils dégorgent en propositions et en projets de loi toutes les âneries qu'ils ont avalées en leur prime jeunesse. C'est imprimé et distribué, et les journaux du cru ne laissent pas de célébrer la sollicitude du nouveau député pour les intérêts généraux du pays, son activité légiférante et l'étonnante sagacité de son génie. Lorsqu'on regarde l'ordre du jour de la Chambre, on le trouve formidablement encombré de projets de toute sorte soumis à la prise en considération. La plupart de ces projets sont le fruit d'imaginations saugrenues et d'esprits difformes. Cela ne répond à rien, si ce n'est à quelque incident de la dernière campagne électorale, ou simplement à un fait-divers. Car les faits-divers sont aujourd'hui le principal aliment de l'industrie législative. Un député républicain ne peut voir un cheval s'emporter dans la rue, sans demander aussitôt, par la loi, que tous les chevaux soient désormais pourvus d'une muselière !

Le pays regarde et laisse faire. L'habitude de ces sottises a lassé sa curiosité.

On sait avec quel muet mépris il a regardé le Parlement remonter pour sept ans la machine présidentielle. On nommait à Versailles le chef de l'Etat : personne ne le savait à Paris ! Quant au reste de la France, il ignore communément qu'il y ait un président de la République, et trois électeurs sur quatre seraient incapables de l'appeler par son nom. Les républicains qui tirent avantage de tout ont célébré cette indifférence universelle comme une acclamation tacite de la République ! Quel édifiant spectacle ! s'écrient-ils ; c'est la première fois, depuis la mort de Louis XVIII, que la transmission du pouvoir s'opère régulièrement et pacifiquement. Quelle paix dans les esprits ! quel ordre dans la rue ! Quelle confiance dans l'avenir de la République ! Elle s'est si solidement installée dans nos mœurs qu'on peut nommer son président sans que personne y pense !

C'est, en effet, le comble du désarmement, et jamais, il faut le reconnaître, gouvernement ne rencontra moins d'opposition. Ils peuvent recommencer l'antienne, avec le même succès, en raison de l'indifférence égale que témoigne l'opinion publique pour la crise ministérielle qui est censée sévir depuis huit jours. Dans les années précédentes, les républicains avaient essayé de persuader aux honnêtes gens qu'une crise ministérielle survenant entre Noël et le premier janvier serait un malheur public. Pas de ministère, pas d'étrennes : telle était la légende. Les enfants refusaient les jouets et les dames renonçaient à croquer des bonbons ! Eh bien ! la légende est morte. Voilà huit grands jours que nous sommes sans ministres et que la crise sévit. Il ne parait pas que le commerce spécial des étrennes en ait souffert ; et si le commerce en général ne va pas, ce n'est pas du tout parce que nous manquons de ministres, mais bien parce que nous en avons eu trop.

Les journaux républicains sont bien obligés d'interpréter cette indifférence atone comme une adhésion passive du pays à la République. Il est de logique vulgaire qu'on accepte ce qu'on ne conteste pas. Qui ne dit mot consent, dit la sagesse des nations, et les politiciens de la gauche n'ont pas le droit de chercher et surtout de produire une autre explication.

Il en est cependant dans le nombre que l'opportunisme n'a pas encore dépossédés de toute perspicacité. S'ils voient plus clair et plus loin que les thuriféraires patentés du régime actuel, ils doivent sentir dans cette immobilité muette des foules plus de péril que de réconfort. On a souvent observé que les plus terribles tempêtes sont précédées du calme plat. Pas une ride sur les eaux, pas un souffle dans l'atmosphère ; dans le ciel serein et lourd un soleil implacable qui verse sur la mer rayonnante des jets de plomb fondu. Cependant, des vapeurs s'élèvent silencieusement, se condensent et grossissent, et bientôt couvrent l'horizon tout entier de leur masse livide. La tempête éclate et le tonnerre l'accompagne. De toutes parts accourent des vagues hurlantes, monstrueuses, folles; la plaine, tout à l'heure immobile, n'est plus qu'une effroyable mêlée; et si quelque navire est surpris par ces brusques colères de la mer et du ciel, il ne reparaît plus.

La République nous paraît être dans cette période de calme mortel où naissent et grossissent les tempêtes. L'âme du pays n'est plus avec elle : il s'est détourné et attend à l'écart. Il lui est profondément indifférent que l'inutile et rapace vieillard qui thésaurise à l'Élysée soit ou ne soit plus président; il lui importe moins encore que M. de Freycinet ou tel autre politicien de la même famille succède à M. Brisson : ce sont là des combinaisons dans lesquelles il ne se sent plus intéressé. Mais croire que le peuple de France, qui fut le plus grand, le plus fier, le plus généreux, le plus rayonnant de tous les peuples, tient ces fantoches pour les héritiers définitifs de Louis XIV et de Napoléon, et leur boutique à treize sous pour le cadre idéal de sa destinée, ce n'est pas seulement une aberration grossière, c'est la plus insolente injure qu'on puisse faire à son passé, à ses instincts, à sa conscience et à son génie. Il peut jouer l'indifférence en passant devant leurs tréteaux. Il peut pousser l'effort de sa patience jusqu'à retenir les hoquets de son dégoût. Mais il n'y a plus qu'un degré entre leur indignité et l'explosion de sa colère; et le jour prochain où elle éclatera, on saura vraiment ce que c'est que la révolution du mépris!

7 janvier 1886.

ESPIONNAGE ET DÉLATION

Entre tous les vices qui déshonorent aujourd'hui nos mœurs publiques, il n'en est pas de plus laid, de plus odieux, de plus répugnant, de plus antipathique à notre génie que la délation. C'est là, cependant, la fleur démocratique que le gouvernement républicain cultive avec le plus d'amour. Il l'a greffée sur toutes les branches de l'administration publique ; il l'a développée, arrosée, multipliée dans tous les milieux ; il a fait de cette vilenie l'accompagnement obligé du civisme, et ce qui passait naguère, dans ce pays de droiture, de générosité et de chevalerie, pour la plus basse des lâchetés, est estimé aujourd'hui comme une vertu publique et payé comme un service.

Les temps sont revenus de Claude et de Tibère, pourrait-on dire de l'époque que nous traversons ; le règne de la troisième République rappelle assez exactement les jours déshonorés où florissait Suilius. Il y a partout, des ministères aux chefs-lieux de canton et jusqu'aux plus obscurs villages, des républicains à l'œil louche qui font métier d'épier le voisin, surtout s'il est fonctionnaire et relève, à un titre quelconque, de l'administration, qui notent ses démarches, ses fréquentations, ses paroles, ses lectures, qui le dénoncent comme traître, si tout cela ne leur semble pas correct; et cette cueillette immonde n'est jamais repoussée, la République se repaît de cette nourriture.

C'est de cette façon qu'on a dès longtemps épuré toutes les administrations, et l'épuration se renouvelle toujours. Les mêmes griefs se reproduisent, les mêmes plaintes éclatent, toujours aussi venimeuses, toujours aussi lâches, et les créatures de la République jonchent le sol à leur tour. A mesure qu'elle devient plus sinistre et plus bête, il faut que les fonctionnaires s'étudient à lui ressembler, et ceux qui désespèrent d'y réussir vont fatalement à l'abattoir.

On ne sait rien de ces mœurs à Paris, parce que la vie y est plus large et plus libre, et que l'âme humaine, occupée d'autres distractions, ne s'abaisse pas à un pareil métier. Mais il n'est pas une petite ville, pas une bourgade de province où la vie du fonctionnaire ou de tout conservateur influent ne soit soumise à un espionnage de toutes les heures, à une délation de tous les jours. On épie tout ce qu'ils font et tout ce qu'ils disent; on note les maisons où ils entrent, les saluts qu'ils adressent ou qu'ils rendent dans la rue, les journaux qu'ils reçoivent et les correspondances qu'ils entretiennent; tout ce qui peut être relevé contre l'orthodoxie républicaine fait le soir même l'objet d'un rapport au procureur de la République, au sous-préfet, au préfet, et même au ministre. Il y avait à Rome, du temps de Tibère, un délateur fameux, Suilius, dont Tacite a immortalisé l'abjection. La postérité de Suilius se partage aujourd'hui la province, et la République continue de sourire à sa misérable industrie. Le tort de M. Labuze a été de recommander à ses fonctionnaires un commerce que les citoyens libres font spontanément. Leur passion politique est faite de ce qu'il y a de plus vil dans l'être humain, et s'ils n'espionnaient pas, s'ils ne dénonçaient pas, ils ne se croiraient pas républicains.

L'armée seule jusqu'ici avait échappé à ces exécutions. On l'outrageait volontiers dans les journaux du parti; mais le parti lui-même l'honorait encore. Les pires parmi les ministres de la guerre avaient eu la pudeur de respecter leur propre famille.

Les jours de l'armée sont venus, et voici qu'elle paie le tribut à son tour. Un journal qui déguise sous le ton pédantesque de la doctrine les plus méchants instincts du jacobinisme a dénoncé les régiments de cavalerie comme autant de pépinières de la réaction. Il y a tel régiment de chasseurs ou de dragons où l'on rencontre vingt officiers titrés sur quarante ! Et cette sinistre trouvaille lui donnant l'éveil, il a feuilleté l'*Annuaire*, et constaté avec horreur qu'il y avait peut-être quinze ou vingt régiments où les officiers titrés pullulent dans la même proportion. Quel est ce phénomène ? Et qu'est-ce que cela veut dire ?

Cela veut dire, citoyens, que les fils de famille entrent tous dans l'armée, parce que c'est la seule carrière qui leur soit ouverte. Vous n'attendez pas sans doute qu'un Montmorency vous demande une place de sous-préfet ? Les fonctions publiques, que les régimes antérieurs ouvraient à tous, sont aujourd'hui dévolues à la bohème révolutionnaire. Il pousse dans les brasseries ou les cercles de province des générations de démocrates qui ont l'éducation, l'esprit et les façons qu'il faut pour représenter congrument le régime actuel dans toutes les situations: l'administration de l'État est leur lot, et ce lot ne leur est pas disputé. Si la République n'avait frappé d'un ostracisme préventif quiconque est bien né et bien élevé, les honnêtes gens y suppléeraient par une interdiction volontaire, et la curée républicaine n'y perdrait rien. Il n'est pas de mauvaise fortune qu'un honnête homme ne puisse supporter, mais non certaines incompatibilités. C'est pourquoi les fils de familles nobles se sont précipités dans l'armée, parce qu'elle est restée le dernier refuge de l'honneur, le seul service public où l'on puisse engager son dévouement et sa

foi sans déchéance. Et c'est chose heureuse, en vérité,
que la politique paie à l'armée ce glorieux tribut.
Ces officiers titrés n'ont pas de privilèges, et c'est par
là qu'ils devraient échapper à la critique des égali-
taires les plus obtus; mais ils ont des traditions.
Ils portent dans l'armée cette bravoure aisée, facile,
aimable, exquise en ses formes, cette grâce cavalière
et cet esprit chevaleresque qui furent autrefois le plus
beau fleuron de notre renommée militaire. Ils y entretiennent, aux jours d'épreuve, la flamme sainte
de l'héroïsme. Ils sont, dans la paix, des modèles de
correction dans le service, de soumission à la discipline, d'abnégation et de dévouement. Que leur faut-
il encore et que leur reprochez-vous ?

Il leur manque, parait-il, de ne pas saluer au passage les fonctionnaires qui se rencontrent sur leur
chemin, et de s'abstenir aux bals de la préfecture.
Voilà le crime! Et c'est pour cela que le ministre de
la guerre vient de déplacer deux régiments! Nous
comprenons que ce dédain des choses et des gens de
·la République cause de cuisantes blessures, et que les
personnages ainsi volontairement méconnus cherchent à se faire respecter par ordre, lorsqu'ils ne
peuvent l'être spontanément. Il serait bon cependant
de mettre quelque mesure dans ces griefs. Qu'y a-t-il
de commun entre les fonctionnaires de la République

et ces soldats? Rien! Le fonctionnaire est le salarié d'un parti : il fait uniquement les affaires de ce parti; et si ces affaires sont malpropres, il en subit la solidarité. Le soldat ne sert que la France, et la glorieuse servitude à laquelle il s'est livré corps et âme consiste précisément à ne connaître que la France, et à ignorer même sous quelles lois elle vit. Entre le fonctionnaire et lui, il n'y a ni lien, ni rapport, ni assujettissement. Il est à souhaiter sans doute que le fonctionnaire soit assez propre pour qu'un honnête homme puisse le saluer sans scrupule. Mais tout salut est un hommage, et l'hommage rendu à un malotru ou à un drôle serait un mensonge. On ne peut exiger cela de personne, et surtout d'un soldat. Il y a, Dieu merci! encore dans la République des fonctionnaires petits et grands dont le commerce est possible aux honnêtes gens. Mais il en est d'autres, en grand nombre, dont il est préférable de ne point rechercher la compagnie. On ne les outrage pas, on les ignore, et nous ne voyons pas à quel titre on ferait un crime à des officiers d'en user comme fait la société des villes où ils tiennent garnison.

La République peut demander à nos officiers leur sang, et ils le lui donneront sans marchander : elle n'a aucun droit à leur salut.

30 janvier 1886.

L'ABÊTISSEMENT

C'est un terrible joûteur que M. Clémenceau, lorsque sa cause est bonne et qu'il l'a bien en main. Dans la démolition surtout, il est incomparable. Il excelle à déblayer une situation, à désarticuler un sophisme, à relever une ineptie, à confondre une imposture, à mettre à nu les consciences cadavéreuses, à cingler d'une lanière sifflante et vengeresse les majorités abêties, et nul ne sonne comme lui l'hallali d'un ministère aux abois. M. Jules Ferry n'a pas rencontré de tourmenteur plus délié ni plus âpre que ce justicier dont la parole stridente et sèche a la flamme courte et le tranchant de l'acier. Mais lorsque l'esprit de parti souffle sur lui, ces redoutables facultés s'éteignent; l'intoxication républicaine l'envahit et l'aveugle : cet esprit vif, aisé, pétulant et hardi se change en virulence de sectaire, et M. Clémenceau raisonne comme un droguiste.

Il fut pris, hier, d'un de ces accès rouges qui le réduisent subitement à la mesure de Papinaud. Un de ces vieux fakirs à barbe verte qui perchent sur la Montagne défendait un emprunt de cinq millions, à la charge de la ville de Lille, pour la construction d'écoles inutiles, et il avait cru devoir agrémenter son rapport d'accusations grotesques contre l'enseignement des écoles libres et les partis monarchiques.

M. de Mackau répliquait à ce prophète macabre que l'enseignement public, sous les gouvernements passés ne le cédait en rien à l'éducation républicaine, que chaque régime avait sa part légitime, dans les progrès de l'instruction, et que des ministres comme Guizot, Villemain et Duruy pouvaient soutenir la comparaison avec les successeurs que la République leur a donnés. Sur quoi, M. Clémenceau, en qui souffle subitement l'esprit de M. Delhou, saute à la tribune et crie à la droite qu'elle ne poursuit que l'abêtissement du peuple ! Comme on s'exclame, il appuie. Il y a dix-huit cents ans, suivant ses calculs, que la droite poursuit son œuvre d'abêtissement ; elle a commencé avec Pharamond ! Voilà un grief dont la mémoire du roi Franc va souffrir. Pharamond n'était qu'un obscurantiste !

Ces gentillesses font rire lorsqu'elles s'épanouissent sur la lèvre inspirée de M. Clovis Hugues ; chez M. Clémenceau, elles détonnent et elles inquiètent. Le député de Montmartre est chef de parti, et il n'est pas impossible que les élections prochaines l'appellent à devenir chef de gouvernement. On se préoccupe de cet avenir ; on suppute ce qu'il peut donner, et ceux-là mêmes qui ne font aucune différence entre les cabinets républicains cherchent avec curiosité quel ministre peut engendrer l'homme d'opposition. Eh bien ! de pareilles épreuves ne sont pas faites pour élever très haut le crédit, tout désintéressé, d'ailleurs, qu'ils pourraient accorder au ministère de M. Clémenceau. Elles laissent trop clairement voir qu'il lui manque les deux premières qualités de l'homme de gouvernement : la mesure et la justice.

Si M. Clémenceau était simplement ignorant, on se résignerait en disant que cette lacune ne le distingue pas de tant d'autres qui ont été ministres comme il le sera. Mais il sait l'histoire, et c'est sciemment qu'il s'insurge contre son témoignage. On perdrait probablement sa peine à le vouloir convaincre que, pendant dix siècles, au moins, c'est l'Église toute seule qui fut dépositaire et gardienne de la science ; qu'après l'avoir sauvée de l'invasion des barbares, elle l'a entretenue dans ses cloîtres, propagée dans ses écoles, et que c'est à sa veilleuse que le progrès alluma son flambeau. M. Clémenceau peut méconnaître, par infirmité ou par système, cette filiation de la lumière à travers les âges ; il n'en est pas moins vrai, que s'il porte aujourd'hui une auréole, c'est à l'Église qu'il en doit le premier rayon. Mais si sa critique historique perd pied dans ces profondeurs, il est plus à l'aise pour juger l'œuvre des gouvernements contemporains. Comment se fait-il qu'il ait l'esprit assez fermé pour méconnaitre ce qu'ont fait seulement M. Guizot sous la monarchie de Juillet, et M. Duruy sous le second Empire? Par quel phénomène d'obstruction intellectuelle en vient-il à porter à la tribune des propos de camelot, et à raisonner sur les monarchies comme un politicien de barrière devant un saladier?

Chaque monarchie a fait son œuvre, et en faisant son œuvre, elle a fait son devoir. Elle l'a fait dans la mesure de ses moyens et des besoins même du temps. La diffusion de l'instruction publique, ne pouvait être une improvisation; il suffit à l'honneur des régimes passés de l'avoir activée, poursuivie sans relâche, avec dévouement et sincérité, et d'avoir laissé derrière eux plus d'écoles qu'ils n'en avaient reçu. M. Clémenceau chante la gloire de la République, parce qu'elle a dépensé plusieurs milliards, en quelques années, pour l'enseignement. Il est certain qu'aucun régime n'entassa jamais autant de moëllons. Mais ce prodigieux amoncellement de bâtisses n'a qu'un rapport indirect avec l'instruction elle-même : il faudrait savoir

s'il y a sensiblement plus d'enfants à l'école aujour-
d'hui qu'avant l'apparition de cette fureur scolaire.
Les statistiques n'attribuent qu'un avantage assez médiocre à la République. Le seul résultat certain, c'est
que l'enfant étudie dans des palais, au lieu d'étudier
dans des chaumières. Il en est mieux assurément. Mais
il n'était pas indispensable de dépenser cinquante mille
francs là où, avec vingt mille, on pouvait avoir une
école saine, aérée et commode. Ce gaspillage insensé
ne peut être compté comme une gloire, encore moins
comme un titre à la gratitude des contribuables.

La République a simplement accommodé l'enseignement public à ses goûts et à ses desseins ; elle l'a
fait gratuit, obligatoire et laïque. Les hommes de
parti l'en glorifient, et M. Clémenceau ne s'en fait pas
faute. Les esprits impartiaux et réfléchis en jugent
autrement. L'obligation est une chimère, parce
qu'elle n'est pas et ne peut être appliquée; la gra-
tuité est une duperie, parce que tout le monde paie
aujourd'hui ce que payaient autrefois les intéressés,
et que le pauvre même paie pour le riche; la laïcité
ne sera jamais, non seulement aux yeux du croyant,
mais aux yeux de l'homme de gouvernement qu'un
fléau, parce qu'elle prépare des générations redoutables à l'ordre public. Un gouvernement qui a
charge de peuple ne doit pas uniquement regar-

der à la diffusion de l'enseignement, mais aussi et surtout à sa qualité. C'est par là qu'il mérite, et si M. Clémenceau avait l'esprit assez libre ou assez juste pour comparer l'œuvre accomplie par les uns et par les autres, il s'apercevrait que le régime qui a le plus fait pour l'abêtissement du peuple n'est pas celui qu'il pense.

Il s'est rencontré un homme qui a osé crier au monde : « Abêtissez-vous ! » C'est Pascal. Mais ce cri, dans sa bouche, n'était pas un programme : ce n'était qu'un sanglot. Le malheureux s'épouvantait des problèmes que soulevait son génie et qu'il ne pouvait résoudre, et il eût voulu s'abîmer dans son néant, comme dans un refuge, pour ne plus penser. Les républicains de nos jours ont pris à la lettre le cri désespéré de Pascal ; ils ont juré de nous abêtir, et ils s'y emploient avec succès. Ils ont fait de la politique et de l'école un double instrument de dépravation intellectuelle ; et pour peu que Dieu leur fasse encore crédit de quelques années, ils auront fait de ce peuple, à l'esprit libre en tout, vif, ailé, courtois, exquis, souriant, heureux, le plus lourd, le plus épais, le plus fermé, le plus brutal, le plus malotru, en un mot, le plus sot peuple du monde.

11 juillet 1885.

LE SERMENT JUDICIAIRE

La famille répubicaine est décidément bête, et c'est ce qui lui sera le moins pardonné ! Que les républicains au pouvoir soient intempérants, grossiers, abrupts, hirsutes, violents, chimériques, inquisiteurs et persécuteurs, c'est assurément fâcheux pour leurs victimes ; mais il n'y a rien en tout cela qui doive étonner. Ils sont ainsi dans leur rôle de sectaires et dans la logique de leur destinée. Leur règne est un accident comme un orage, et si l'orage est parfois plein d'horreurs, il est curieux aussi à contempler. Il nous paraît naturel et logique que la République produise la violence comme un pommier donne des pommes et le printemps des fleurs, et nous ne sommes pas plus offensés de voir les républicains ainsi que ne l'était Philinte de voir

> .... Un tigre altéré de carnage
> Ou des ours malfaisants ou des loups pleins de rage.

Mais qu'ils soient tout platement bêtes comme un bonnetier de la rue Saint-Denis ou un pharmacien

de chef-lieu de canton, qu'ils emmagasinent en leurs
personnes et dans leur régime la niaiserie solennelle
et vulgaire que M. Prudhomme incarnait avant eux
et qu'ils nous fassent une France à leur image, voilà
le crime, voilà l'horreur! Voilà ce qui ne se peut
tolérer. Soyez Robespierre, soyez Danton, soyez
Saint-Just, si vous pouvez : mais, pour Dieu! ne soyez
point jocrisses !

Ces réflexions amères nous sont inspirées par les
discussions inénarrables qui viennent de se produire
dans la commission chargée de réformer le serment
judiciaire. On sait qu'il s'est rencontré devant la
cour d'assises quelques douzaines de jurés esprits-
forts et de conscience ombrageuse qui ont refusé
la vieille formule du serment. Un sot important
comme en fabrique la libre pensée, s'avise, il y a
quelques semaines, de refuser le serment régle-
mentaire qui lui était déféré par le président des assises. — Je ne crois pas en Dieu, professa-t-il de sa
voix de Prudhomme émancipé, et ma conscience
m'interdit de jurer devant un Dieu qui pour moi
n'existe pas. — On haussa les épaules, et cet imbécile
fut dispensé de siéger au banc du jury. Mais l'imbécile a fait école. Il avait trouvé, sans le savoir, une
pose solennelle dans laquelle ses confrères s'empres-
sent de se draper. Il n'est pas d'audience aujourd'hui

où cette petite fête ne se renouvelle, et la cour a dû
prendre des mesures pour mettre ordre à ces manifestations grotesques, sans quoi la libre pensée
allait mettre la justice en interdit.

On a commencé par infliger un franc d'amende, et
le Prudhomme libre-penseur qui a subi le premier
cette peine, infligée par le préjugé religieux à un
champion du progrès, s'en est montré très fier : il
souffrait la persécution pour la liberté ! Pour un
franc, tous ceux qui lui ressemblent devaient être
tentés de se hisser sur le même piédestal, et cela n'a
pas manqué. Un autre est venu qui a fait les mêmes
grimaces ; mais comme cette grève des jurés, pour
cause de libre-pensée, arrêtait tout net le cours de la
justice, la justice s'est défendue : l'amende est subitement montée à trois cents francs. S'il y avait dans le
jury d'autres libres-penseurs disposés à refuser le
serment, on ne s'en est pas aperçu. Trois cents francs,
cela mérite réflexion. A ce prix, la satisfaction de
vanité qu'ils venaient chercher était trop chèrement
payée. Mais le lendemain, la même histoire a recom-
mencé. Prudhomme était revenu sous la figure d'un
congénère. Le président lui a déféré le serment,
selon l'usage : sa conscience ne le lui permettait pas !
Sur quoi l'avocat du prévenu, intervenant à son tour :
« Ce refus de serment, a-t-il dit, aura pour effet de

faire ajourner l'affaire et de prolonger la détention préventive de mon client; à ce titre, je demande cinq cents francs de dommages-intérêts pour lui. » — La cour allait accorder les cinq cents francs, sans préjudice de l'amende. Mais, avant de prononcer, elle a bien voulu consulter encore une fois la conscience du libre-penseur insermenté. — Voyons, à cinq cents francs, jurez-vous ? — Oui, a dit le libre-penseur, mais je proteste ! — Sans protester ? — Eh bien ! je jure. — Et il a juré... Voilà, au juste, ce que valent ces farces. Ces vaniteux imbéciles qui se targuent des protestations de leur conscience pour refuser le serment devant Dieu, jurent docilement pour n'avoir pas à payer trois cents francs ou cinq cents francs d'amende. Quelques pièces de cent sous mesurent toute leur foi d'athées, toutes leurs convictions de libres-penseurs. A mille francs, on leur ferait jurer qu'ils ont fait leurs Pâques. Voilà, en vérité, une religion solide et fière qui ne supporte même pas une amende et refuse de témoigner, si cela lui coûte un écu. On peut être tranquille sur l'avenir de cette secte : elle ne fera pas de martyrs !

En attendant, elle fait des imbéciles, et c'est de quoi nous nous plaignons. La libre-pensée ment à son principe, par cela seul qu'elle est une secte, car toute secte est, par nature, militante, oppressive, et

ce n'est ni penser librement ni respecter la liberté de
de penser que de vouloir imposer aux autres l'a-
théisme qu'elle professe.

Littré, qui fut un type de libre-penseur, n'exerçait
sa libre pensée contre personne, et il prenait garde
même de blesser, par des manifestations déplacées,
le respect et les croyances d'autrui. Littré accompa-
gnait sa femme jusqu'à l'église ; Littré, chef du jury,
prêtait, sans hésitation et sans scrupule, le serment
religieux. Il jurait au nom d'un dieu auquel il ne croyait pas. Mais Littré n'était ni un fanfaron ni un sectaire de la libre-pensée ; c'était un bon citoyen, pai-
sible, libéral, respectueux des traditions et des lois,
et ne faisant de la libre-pensée que le secret de sa
conscience intime et la règle de sa conduite privée.
Les libres-penseurs d'aujourd'hui, manifestants de
cour d'assises, courtiers d'enterrements civils, brail-
lards de réunions publiques, sont autant de farceurs
qui tournent la libre-pensée en réclame et ne cherchent dans les pasquinades variées dont elle est l'occasion qu'un instrument de puffisme, un aliment à
la vanité pléthorique dont ils crèvent, un piédestal à
leur intempérante imbécillité.

Notons que la plupart de ces libres-penseurs de tréteaux sont en leur privé les esclaves soumis du préjugé
et de la superstition. Ils se marient à l'église, font bap-

tiser leurs enfants, leur donnent une éducation religieuse, assistent, les yeux humides à leur première
communion, recommandent même à leurs femmes la
pratique des commandements de Dieu et de l'Eglise
comme une garantie contre les accidents conjugaux,
et se font administrer à eux-mêmes les derniers sacre-
ments, lorsqu'ils se sentent mourir. Mais en public, ils
cèdent au besoin de manifestation, à cet appétit de
réclame qui est dans le génie de notre race et fait de
nous un peuple de cabotins aujourd'hui, comme autrefois un peuple de héros. Il leur a paru que le banc
du jury était une plate-forme faite à souhait pour leur
vanité, et ils l'ont choisi comme champ d'exercice.

Et c'est pour cette poignée de masques qu'on va
modifier la loi! Nos gouvernants, qui sont façonnés
sur le modèle de ces bélitres ont ouvert des oreilles
aussi complaisantes que longues à leurs protestations. — Vraiment le serment religieux, se sont-ils
dit, est une gêne pour ces honnêtes gens, suppri-
mons-le! — Et tout de suite le garde des sceaux a dé-
posé un projet conforme. Une commission a été nom-
mée, et la commission a dû s'enquérir d'une autre
formule. C'est là que le génie des nouvelles couches
républicaines s'est donné carrière. Il s'est rencontré
dans la commission un certain M. Lacôte qui s'est
élevé du premier bond à des hauteurs épiques. Il a

proposé que le juré, posé de trois quarts, la main gauche sur la poitrine et la droite étendue, prononçât la formule suivante : « Je jure pour le bien de la patrie et pour la liberté... » On ne trouvera jamais rien d'égal. Voyez-vous la bonne de M. Zola traduite en cour d'assises pour infanticide, et le juré de M. Lacôte jurant « pour le bien de la patrie et pour la liberté » que ladite bonne a jeté son enfant dans une mare ou ailleurs ? La formule a été repoussée, et c'est vraiment dommage. Il était impossibe de prêter à la justice une allure plus sereine et des traits plus augustes.

La commission a repoussé de même la formule de M. Delattre : Je donne ma parole... — Elle l'aura trouvée trop familière, et cependant on ne pouvait remplacer de façon plus rationnelle et plus simple le serment religieux. Quand un homme a cessé de prendre Dieu à témoin de la vérité de ce qu'il va dire, il ne lui reste d'autre formule d'attestation que sa bonne foi. Il ne peut jurer que sur lui-même, et sa parole donnée comprend tous les gages de créance que sa personnalité peut fournir. La pompe des mots n'ajoute rien à la simplicité de cet engagement, et si la commission était capable de logique, elle s'en serait tenue à la parole de M. Delattre.

Mais on ne détrône pas Dieu sans le remplacer par de la rhétorique, et la commission, après beaucoup d'essais, a fini par adopter cette formule : — Devant le peuple français, sur mon honneur et ma conscience... » C'est sonore et creux, et le peuple français, et la conscience et l'honneur n'ajoutent ni un principe ni une garantie à l'engagement familier que proposait M. Delattre. Attester le peuple français est une pure niaiserie, parce que le peuple français n'est pas présent, et que le fût-il, il n'a pas qualité pour lire dans le cœur de celui qui l'invoque. Quant à la conscience et à l'honneur, ce sont des valeurs rigoureusement individuelles, par conséquent, relatives, contingentes et sujettes à la sophistification. La conscience et l'honneur comportent, d'ailleurs, une éducation de l'âme humaine qui n'est pas toujours achevée dans les profondeurs sociales où se recrute le jury. Il y a là des complications ténébreuses dont il faudrait tenir compte, quand on a vraiment souci de la justice. Tel juré se parjurera peut-être devant sa conscience et son honneur qui ne se fût pas parjuré devant Dieu.

Lorsque, suivant la vieille formule, le juré disait : Je jure devant Dieu..., — il faisait une invocation redoutable ; car Dieu est la source de toute vérité comme il est le principe de toute justice, et c'est en cela que la formule était admirablement logique. Dieu n'était pas là par métaphore ; il était réellement le témoin présent et le garant de celui qui l'associait à sa sentence. On répondra dans la commission que tous les jurés ne croient pas en Dieu, et qu'il y a eu, malgré le serment religieux, de faux témoignages. C'est vrai ; mais les faux témoignages ont été extrêmement rares, et les jurys comptent encore une immense majorité de croyants. C'était une double raison de s'en tenir à la vieille et grande formule qui prêtait à la justice humaine sa plus haute majesté. Supprimer cette formule, c'est un abaissement; prétendre la remplacer, c'est une ineptie. On reste stupide devant de pareils spectacles, et l'on se demande, avec effroi, si la France, aux mains de ces gens-là, n'est pas destinée à finir dans un cabanon !

20 mai 1882.

LA FIN DU JURY

L'acquittement de M. Rochefort par le jury de la Seine a eu pour effet de faire discuter l'institution même du jury. C'est un symptôme de décadence et une menace de ruine prochaine : les institutions qu'on discute sont bien près d'être révisées ou abolies. Et ce qu'il y a de particulièrement curieux, dans cette aventure, c'est que tout le mal qu'on dit du jury nous vient précisément de ceux qui tiennent de leurs traditions et de leurs doctrines mission de le défendre. Ce sont les républicains opportunistes, les courtisans du pouvoir jacobin qui s'en prennent aux « douze bourgeois de Paris » de la déconvenue de ce pauvre M. Roustan et des deux cabinets dont M. Roustan personnifiait la plainte. A les entendre, ces douze braves gens, en totalisant leurs lumières, ne faisaient toujours qu'une douzaine d'imbéciles. Retournons le verdict, et ces imbéciles deviennent autant de citoyens éclairés et fermes, des patriotes jaloux de l'honneur national et résolus à le garder de toute atteinte.

Lorsqu'une juridiction est exposée à ces appréciations contradictoires, et ses verdicts publiquement applaudis ou déchirés par les partis, on peut hardiment affirmer que sa justice est incertaine, accidentelle, boiteuse et déconsidérée, et que l'heure est venue de la réformer. Nous sommes de ceux qui approuvent hautement le verdict rendu par le jury de la Seine, dans l'affaire Roustan-Rochefort, et, si nous avions eu l'honneur d'être juré, nous eussions, comme lui, prononcé l'acquittement. Mais ce verdict, qui, dans ce cas particulier, répond à notre justice, ne saurait être invoqué comme une défense du jury, puisque d'autres le dénoncent comme une incongruité bourgeoise ou comme un scandale; il ne peut, en tout cas, faire oublier les monstruosités de tout genre dont le jury a peuplé nos annales judiciaires.

La jurisprudence du jury est, en effet, fantasque et biscornue, ce qui revient à dire qu'elle est le contraire de la justice dont le caractère essentiel est d'être une et toujours égale. Mais il n'a pas fallu moins de quatre-vingts ans pour qu'on commençât à s'en apercevoir. C'est que l'institution du jury est un legs de notre grande Révolution. Il date de 1790 ! C'est un des fleurons de cette magnifique éclosion de

sophismes dont nous nous sommes fait des mœurs et
des lois. Le peuple étant souverain, il s'ensuit logiquement qu'il détient la souveraine justice, et qu'il
est apte à la rendre. Dans une démocratie comme la
nôtre, nourrie de rhétorique et d'idées creuses, qui
professe le culte des mots et des formules et décline
l'examen des choses, la composition du jury ne pouvait être discutée sans sacrilège, et voilà pourquoi
nous supportons depuis si longtemps, sans mot dire,
ses fantaisies et ses énormités. On commence seulement à l'apprécier librement, et, naguère, un homme
d'esprit, qui est en même temps homme d'expérience,
a pu, sans scandaliser personne, s'écrier en plein
Palais : « Le jury, c'est la garde nationale de la justice ! » — La garde nationale n'était que la caricature
de l'armée. Le jury est plus que la caricature de la
justice ; il en est la négation.

La juridiction du jury est à la fois politique et criminelle. Sur le premier point, il n'y a guère de con-
testation : tous les gens de bon sens sont unanimes à
trouver absurde et dérisoire l'attribution qu'on lui a
donnée de prononcer sur les délits d'opinion. Le
jury n'est lui-même que l'expression de l'opinion
courante ; il en reproduit tous les entraînements
comme il en subit toutes les défaillances. On ne peut
donc raisonnablement attendre une justice fixe et

sûre d'un instrument aussi mobile, aussi capricieux, aussi frondeur, aussi révolutionnaire que l'humeur de la rue et des salons. Le parti républicain a simplement conformé sa conduite à ses doctrines, en déférant au jury la connaissance des crimes et délits politiques, et ce n'est pas à l'opposition monarchique, assurément, qu'il appartient de s'en plaindre. L'acquittement à peu près systématique qui est la jurisprudence ordinaire du jury, en ces matières, est, en réalité, la seule garantie qui soit laissée à la liberté d'examen. Si nous devions être jugés par la magistrature républicaine, il faudrait cesser d'écrire et de parler. Mais de ce que les jurys professent ou établissent la doctrine de l'impunité, en matière politique, il n'en faut pas conclure que leur justice soit juste. Tout ce qu'on en peut inférer, c'est que la liberté de tout écrire ou de tout dire est un droit corrélatif à la souveraineté de l'opinion, et que tout gouvernement d'opinion, comme la République, tient de son origine même l'obligation de ne jamais poursuivre ceux qui le combattent. Mais on nous permettra de penser, à nous qui ne sommes pas républicains, que ce n'est là qu'une vérité relative et purement accidentelle, et qu'un autre régime ayant d'autres traditions, gouvernant pour d'autres destinées, serait fondé à chercher ailleurs que dans le jury les garanties de défense et de respect auxquelles il a droit.

Il paraît plus difficile de faire le procès du jury, en matière criminelle. Beaucoup de ceux qui proclament son insuffisance dans la connaissance et la répression des délits politiques sont disposés à reconnaitre qu'il fait bonne justice des attentats commis contre les personnes ou contre la propriété. C'est la société, en définitive, dont il est l'émanation, qui se défend ou se venge elle-même, et il semble que personne ne convienne mieux qu'elle à cette fonction. Eh bien ! rien n'est moins sûr que cette aptitude à nous défendre; rien n'est plus incertain que cette vindicte publique dont on lui fait honneur. Nous en appelons à tous ceux qui ont suivi de près l'histoire judiciaire de ces quarante dernières années. S'il est vrai que le fondement de toute justice est l'égalité, le jury se montre essentiellement inapte à la pratiquer et même à la connaitre. C'est peu de dire que sa jurisprudence est inégale ; elle est changeante, fantasque, capricieuse, journalière et locale, comme les jurys eux-mêmes. Elle varie de session à session, de département à département. Le crime de la veille n'est plus que l'erreur du lendemain ; ce qui est forfait ici n'est là-bas que matière à réprimandes ou à doléances. On a vu un jury de l'Est accorder le bénéfice des circonstances atténuantes à un abominable scélérat qui avait assassiné son père et sa mère, tandis que, dans le même temps, un jury du Centre condamnait un accusé à la peine de mort, pour crime d'incendie. Il y a quelques années, un jury de l'Ouest condamnait à la peine capitale une infanticide, et, le lendemain, le jury de la Seine non seulement acquittait une femme coupable du même crime, mais encore favorisait une quête à l'audience pour cette accusée touchante, et très éloquemment défendue. Où trouver la justice en ces arlequinades judiciaires? Et que devient le code entre les mains de ces fantaisistes qu'on appelle jurés?

Ces bigarrures, d'ailleurs journalières dans la jurisprudence du jury, ne sont que le moindre vice de l'institution. Le mal est que ces juges improvisés par le sort sont fatalement soumis à toutes sortes de suggestions intéressées que la justice impersonnelle, impartiale et sereine ne comporte pas. On arrache subitement un homme à sa charrue, à son étude, à son comptoir, à son salon; on le met en présence d'un prévenu, et on lui dit : jugez-le !

Rien, jusque-là, ne l'a préparé à ce rôle redoutable, et, quoi qu'on en dise, sa conscience n'y suffit pas. Il n'a, pour éclairer son verdict, ni la pénétration du moraliste, ni la science professionnelle du magistrat. Il prononce, il est vrai, avec sa conscience et sa raison, mais aussi avec son ignorance, sa passion, son intérêt ou ses lubies. S'il est imbu de théories philanthropiques et ennemi déclaré de la peine de mort, il trouve aux crimes les plus monstrueux des circonstances atténuantes. S'il est de tempérament violent, il condamne avec excès. Dans l'un et l'autre cas, la justice est trahie ou méconnue.

Pourquoi donc laisser la défense sociale incessamment exposée à ces trahisons? L'exacte distribution de la justice exige un ensemble de vertus naturelles, de qualités acquises et d'expérience professionnelle que le jury n'a pas et ne saurait avoir. Il lui manque, et il lui manquera toujours, pour que sa justice soit juste, la science de l'âme humaine, le prompt et clair discernement des mobiles qui ont déterminé le crime, le sentiment d'une juste pondération entre le crime et la peine, l'intelligence du code, le sens exact des mesures pénales que la société exige pour sa sauvegarde, toutes qualités lentement amassées et qui sont l'apanage des juges de profession. Nous le demandons à tout esprit impartial: N'est-il pas vrai que cinq ou sept juges vieillis dans la pratique de la justice, choisis, d'ailleurs, parmi les plus éclairés et les plus fermes, rendraient au criminel, comme ils le font au civil, une justice plus égale et plus sûre que douze bourgeois improvisés juges par le sort? Il y faudrait,

sans doute, des garanties d'âge, de savoir, d'expérience, de caractère et d'indépendance qui feraient
de ce ministère la plus auguste des fonctions sociales, comme elle en est déjà la plus redoutable. Mais
ces conditions, aisément réalisables, constitueraient
une supériorité nouvelle de ce jury spécial sur le
jury de rencontre que le sort improvise, et par conséquent, une raison de plus de substituer l'un à l'autre.

Il est peut-être encore trop tôt pour proposer,
avec quelque chance de succès, une réforme aussi
grosse. La phraséologie révolutionnaire qui nous
gouverne n'abandonnera ni si facilement, ni si tôt
une institution notoirement insuffisante aux revendications égales de la justice, de la morale et de
l'intérêt public. Mais il est aisé de prévoir que le
jury rendra lui-même indispensable une réforme
devant laquelle la routine démocratique recule aujourd'hui. A mesure que les sociétés progressent en
bien-être, la loi morale se détend dans les âmes, et
cet affaissement des principes a pour corollaire
obligé le relâchement de la loi positive. L'horreur
amoindrie du mal se traduit logiquement par l'a-
moindrissement de l'expiation. Il y a déjà une dis-
proportion choquante entre les délits et les peines,
et le parti-pris de M. Grévy de supprimer la peine de

mort par l'exercice du droit de grâce, élargit sensiblement la carrière de l'assassinat. Ce défaut d'équilibre ira grandissant jusqu'au jour où, le jury ne sachant plus punir, la société devra créer des justiciers spéciaux pour la défendre elle-même contre son propre abandon.

22 décembre 1881.

LE DROIT DE GRACE

M. le président de la République a laissé guillotiner Pranzini. Sa philanthropie assassine s'est trouvée trop faible contre le sentiment public dont il a subi la pression. Mais il pouvait le grâcier, et la grâce accordée à ce gentleman n'eût été ni plus scandaleuse ni plus inquiétante que les grâces accordées à tant d'autres condamnés qui ne valaient pas mieux que lui. Voici, par exemple, un fait qui se reproduit à peu près tous les ans. Un pilier de prison, détenu dans une maison centrale, s'ennuie de son isolement et aspire à la vie plus facile et plus large de la Nouvelle-Calédonie. Comment s'y faire transporter? La Nouvelle-Calédonie est un paradis terrestre substitué par l'humanitairerie contemporaine à la barbarie des bagnes, et réservé, par privilège administratif, à l'élite du crime. Il faut être assassin pour être, sûrement et de droit, admis à jouir de cette villégiature. Assassin? Qu'à cela ne tienne! Notre homme tue un gardien. On le condamne à mort; il s'y attend.

M. Grévy le gracie ; il s'y attend aussi. Un navire de l'État le transporte précieusement dans la résidence qu'il s'était choisie, et le voilà colon ! — Mais le malheureux gardien assassiné ? — Bah !... ce sont les risques du métier !

Le droit de faire grâce comporte des séductions infinies, et M. Grévy, lorsqu'il en use, obéit évidemment aux plus généreux instincts de l'âme humaine. Joignez qu'il est sans doute, comme les républicains de l'ancien style, adversaire de la peine de mort. Mais que devient la justice sociale, lorsqu'elle peut être tenue en échec par le bon plaisir d'un homme ? Quel est le *criterium* infaillible qui préside à la distribution des grâces ? Pourquoi la grâce à celui-ci et la guillotine à celui-là ? Comment un homme peut-il accepter ce privilège exorbitant et presque divin de décider, à son gré, de la vie ou de la mort d'un autre ? Et si la responsabilité du choix ne le fait pas trembler d'effroi, comment empêcher que la conscience publique s'en émeuve pour lui ? Il y a deux ou trois ans, un de mes amis, avocat à Caen, fut nommé d'office à la défense d'un misérable accusé d'assassinat. Ils s'étaient mis à deux pour commettre le crime. L'un obtint sa grâce, l'autre fut exécuté. C'était le moins coupable, et, de beaucoup, le plus intéressant. Pourquoi lui et pas l'autre ? On n'ôtera jamais de l'esprit de mon ami, réactionnaire militant, que c'est lui qu'on a voulu punir en la personne de son client !

Le droit de grâce ainsi pratiqué est une antinomie démocratique. Il est absolument incompatible avec notre droit public, et l'on ne peut comprendre que la démocratie républicaine, si jalouse de ses conquêtes, si entichée de principes, s'accommode de cette dérogation. Le droit de grâce est une des prérogatives régaliennes qui devaient disparaître avec la fonction monarchique dont il était l'apanage. On pouvait admettre, sous l'ancienne monarchie, que le roi, investi par la naissance d'un droit antérieur et supérieur aux lois, qui tenait lui-même des lits de justice et prononçait en juge souverain, corrigeât par sa clémence les rigueurs de ses tribunaux. Il était à la fois dans son droit et dans son rôle, et personne ne pouvait logiquement refuser le droit de pardonner ou d'absoudre à celui de qui dérivait le pouvoir de condamner.

Mais il y a contradiction formelle entre la République, qui est le régime de la loi pure, et l'exercice du droit de grâce, puisqu'il a pour effet de substituer le bon plaisir d'un seul aux revendications de la justice sociale. Aussi, dès 1790, l'Assemblée constituante s'empressa-t-elle de le supprimer. Elle marquait ainsi la substitution de la justice populaire à la justice régalienne. Le premier consul rétablit le droit de grâce par un décret du 16 thermidor an X, et tous les souverains qui se sont succédé sur le trône jusqu'en 1870 le conservèrent comme un privilège de la couronne.

L'Assemblée nationale de 1871, succédant à l'Empire, s'en saisit à son tour, et l'exerça par délégation. Mais elle ne crut pas devoir en abandonner l'exercice à l'Assemblée qui devait lui succéder, et, par le paragraphe II de l'article 3 de la Constitution du 25 février 1875, elle conféra le droit de grâce au président de la République. C'était une témérité dont l'opinion publique ne devait pas tarder à mesurer les dangereuses conséquences.

Le parti républicain d'autrefois, plus théoricien que pratique, et plus ouvert aux aspirations humanitaires que les réalistes qui lui succèdent, avait mis au premier rang de ses revendications l'abolition de la peine de mort. Il ne paraît pas que cet article ait conservé beaucoup de clients. Depuis la mort de Louis Blanc, qui a laissé dans les cartons du Parlement une proposition sur ce sujet, personne n'en parle plus. Seulement M. Grévy est resté un adepte fidèle de cette philanthropie morbide qui réserve toute sa pitié pour les criminels, et ne témoigne aucun souci des victimes, et il la réalise autant qu'il peut par l'exercice du droit de grâce. Il y a des cas, pourtant, comme celui d'hier, où ses résistances fléchissent devant la nécessité. Le crime est tel qu'il défie la grâce; et puis, il faut bien jeter de temps en temps une victime à la justice populaire, qui est implacable et même féroce, pour apaiser les mouvements de révolte que la grâce systématique ne manquerait pas de soulever.

Sent-on bien ce qu'il y a de monstrueux dans ces pratiques? Ce n'est pas seulement l'arbitraire qui se substitue à la justice, c'est la mise en échec de notre droit public par la volonté d'un seul. Voilà un homme qui emploie le privilège présidentiel dont il est abusivement investi à la satisfaction de ses idées particulières. De son autorité privée, M. Grévy bouleverse notre Code pénal et supprime, s'il lui plaît, la peine de mort. La conséquence naturelle de cette énormité, c'est que les crimes se multiplient, que l'audace des assassins s'accroît en raison de la clémence sur laquelle ils comptent, et que la vie des honnêtes gens est d'autant moins en sûreté que la tête des bandits est plus chère au président.

Joseph de Maistre nous a représenté le bourreau comme la clef de voûte des sociétés. Cela serait à peine vrai d'une société purement matérialiste, où les appétits ne seraient tenus en échec que par la

crainte du châtiment. La clef de voûte, c'est la loi
morale. Si elle venait à s'effacer de la conscience humaine, le bourreau ne la remplacerait pas. Mais il
est malheureusement vrai que la loi morale s'affaiblit
à mesure que les sociétés progressent, et l'on pourrait presque affirmer que la moralité des peuples est
en raison inverse de leur civilisation. Le développement du luxe multiplie les besoins ; les traditions et
les croyances, conservatrices de l'esprit de respect et
d'abnégation, ne résistent guère au choc des contro-
verses, et ce qu'on appelle l'affranchissement des
consciences n'est guère, dans la pratique, qu'une ini-
tiation des peuples au cynisme.

La conséquence que les politiques devraient tirer
de ces fatalités, c'est que les sociétés sont tenues de
relever les pénalités de leurs codes à mesure qu'elles
se civilisent, et que la loi positive doit corriger par
des rigueurs croissantes l'affaiblissement progressif
de la loi morale. La logique est en cela d'accord avec
l'intérêt social ; car il est évident qu'à crime égal le
malfaiteur éclairé est plus coupable que l'ignorant.
Le peuple suisse, qui est pratique, n'y a point failli.
Il a rétabli, par voie plébiscitaire, la peine de mort
qu'il avait précédemment abolie. Chez nous, la peine
de mort subsiste, mais elle est appliquée de telle sorte
qu'elle n'est plus qu'une mauvaise chance, au lieu

d'être la règle, et la plupart des criminalistes s'accordent à reconnaitre qu'elle a perdu ainsi l'effet de terreur et de préservation qui est sa raison d'être. D'autre part, la justice des tribunaux et des cours d'assises se relâche à mesure que le mal s'accroit. Le nombre des délits et des crimes a presque doublé depuis dix ans, et la marée monte toujours.

On ne peut raisonnablement exiger que M. Grévy fasse exécuter toutes les sentences capitales, alors que sa conscience proteste contre la peine de mort. Eût-on le droit de trouver que sa clémence fait la part plus belle aux assassins qu'aux honnêtes gens, il serait impossible de blâmer les sentiments qui l'inspirent, parce que, comme toutes les doctrines généreuses, ils honorent l'humanité. Mais ce qu'il faudrait comprendre, et ce qu'il devrait être le premier à sentir lui-même, c'est que si la peine de mort doit être abolie, il faut qu'elle le soit par une loi, et non subrepticement. Tant qu'elle restera inscrite dans le Code, il ne peut être permis au président de la République d'en faire une lettre morte et de la supprimer par sa propre volonté. L'exercice du droit de grâce, dans ces conditions, devient une sorte d'insurrection contre la justice. Ce n'est pas seulement se mettre au dessus de la loi, c'est prendre la place de la loi, et il n'est pas de société organisée qui puisse tolérer une telle usurpation.

Beccaria, qui est le Royer-Collard de ces questions, a dit : « Le droit de remettre au coupable la peine qu'il a encourue est une improbation tacite des lois. » Qu'est-ce donc lorsque la justice sociale est souveraine, lorsque la société, représentée par le jury, non seulement a prononcé et condamné, mais qu'interrogée sur le point de savoir s'il n'existe pas une circonstance qui atténue le crime, elle a répondu négativement ? Ce n'est plus seulement alors l'improbation des lois, c'est la négation de la justice et le renversement du Code.

Il serait dangereux néanmoins de supprimer de façon absolue le droit de grâce. Peu de jurys auraient l'âme assez ferme pour prononcer une sentence capitale, s'ils ne sentaient plus derrière eux ce tribunal suprême qui sanctionne ou corrige leur justice, et les décharge ainsi de cette responsabilité sanglante à laquelle l'humanité répugne toujours. Il faut seulement le soustraire à l'arbitraire, au caprice, au parti-pris, à toutes les suggestions individuelles qui le rendent abusif ou dangereux, lorsqu'il est, comme aujourd'hui, le privilège d'un seul. On y parviendrait sans doute en le déléguant à une commission composée de magistrats d'élite, préparés à ce terrible rôle

par une longue pratique de la justice criminelle, et
l'on obtiendrait peut-être ainsi que le droit de grâce
fût l'auxiliaire et le modérateur de la justice au lieu
d'en être la dérision.

6 septembre 1887.

EN VACANCES

J'ai suivi l'exemple de ceux de mes collègues qui sont allés, comme on dit, se retremper dans le sein des populations. Les malveillants prétendent que le déplacement était inutile, la Chambre n'ayant rien fait encore qui pût altérer la trempe de son génie. Je n'y contredis pas. Je sais mieux que personne ce que valent les travaux parlementaires, et ne voudrais pas entreprendre que nous avions droit au repos. Mais il n'est pas certain que la satisfaction publique se mesure à la quantité de nos œuvres, et je connais force honnêtes gens qui s'en tiennent à cette appréciation, d'ailleurs désobligeante, que, moins les Chambres travaillent, plus elles ont de titres à la reconnaissance de la nation.

Il m'a paru que mes concitoyens du Calvados partageaient assez volontiers ce sentiment. Ce sont gens d'esprit clair et de jugement solide qui, ne faisant rien d'inutile, goûtent médiocrement, chez les autres, ce bouillonnement tumultueux d'idées, de réformes, de

projets, d'innovations et de curiosités qui constituent
la vie parlementaire. Comme ils n'ont pas souvenir
qu'une seule loi bienfaisante, ou seulement inoffen-
sive, parmi celles qu'on célèbre, ait été votée depuis
dix ans, ils ne témoignent aucun empressement à demander qu'on ajoute à cette richesse législative.

Dans ces conditions, on peut se risquer à prendre
quelques jours de vacances, sans s'exposer à de trop
aigres reproches, et le plus sûr moyen d'en jouir est
de laisser la politique en chemin. La brigue électorale
incessante, le choc ininterrompu des haines de parti,
excèdent les gens qui se sentent faits pour d'autres
destins. Depuis les élections générales, les populations
de la Normandie se sont, autant qu'elles l'ont pu, dé-
tournées de ces querelles inutiles, pour s'occuper de
leurs propres affaires. Chez nous la politique n'est pas
le souci de tous les jours. Ceux qui s'y adonnent, dans
nos campagnes, ont communément une assez fâcheuse
renommée, et il est rare que leur personnalité recommande l'opinion qu'ils défendent. C'est seulement
dans les gros bourgs et dans les chefs-lieux que se rencontre et s'attable la lignée pullulante du pharmacien
Homais, dont le propre est de réformer la société et
l'État en vidant des chopes.

Pourtant, malgré cet éloignement pour le tumulte
inutile, et en dehors de la question des bouilleurs de

crû qui soulève la Normandie tout entière et unit, dans un admirable concert, les blasphèmes des républicains aux colères des conservateurs, j'ai rencontré partout la même préoccupation, et partout elle s'est traduite sous la même forme : — Est-ce que tout cela ne va pas bientôt finir ? — Cette question qui est sur les lèvres de tous est bien moins un cri de parti qu'un cri de lassitude, un appel à la délivrance. Cela, c'est le mauvais gouvernement, ou l'absence de gouvernement, c'est cet abominable ensemble de pratiques aussi bêtes que violentes, cette agitation stérile et folle, comme celle de l'écureuil en cage, cette chasse sauvage aux opinions, cette exploitation des passions basses, cette insolente tyrannie des brutes, leur espionnage, leurs délations, leurs tracasseries, leurs persécutions et leurs lâchetés ; c'est ce ravalement de l'autorité, cette discordance criarde entre les fonctions publiques et ceux qui les occupent ; c'est cette intolérable et perpétuelle sensation de la vilenie triomphante et de l'imbécillité radieuse, les souffrances matérielles et morales qui en dérivent, le sentiment de l'insécurité, le dégoût, l'écœurement, l'impatience et la misère finale, c'est, en un mot, tout ce qui constitue ou représente, à leurs yeux, le régime républicain.

S'il se manifestait autrement, nos populations l'auraient, en fin de compte, adopté tout comme un autre. Sans doute, elles ont témoigné avec éclat, aux élections du 4 octobre, le peu de goût qu'elles ont pour la République. Mais le vote franchement réactionnaire qu'elles ont émis n'est pas l'expression d'une idée préconçue : c'est un jugement motivé, et sanctionné par une condamnation. L'opinion dominante, en Normandie, est une préférence marquée et singulièrement vivace pour le système impérial. C'est un pays qui veut être gouverné. L'affection dynastique est, peut-être, le moindre élément de l'esprit politique qui l'anime. Mais il se souvient fortement d'un temps où tout, hommes et choses, était à sa place, où les fonctions publiques étaient une tutelle et non pas une tyrannie, l'autorité de l'État une garantie et non pas un fléau ; où le pouvoir, entretenant partout la même discipline, répandait en bienfaits ce qu'il prenait en force, et faisait régner sur la terre reposée la justice, l'ordre, la sécurité, le bien-être, le crédit, la confiance, la paix, le travail et la prospérité. Ce sont choses contingentes, sans doute, et qui tiennent peu de place dans la politique purement spéculative ou scientifique, comme celle qui prévaut aujourd'hui ; mais encore faut-il qu'on les remplace, si l'on tient à les faire oublier.

M. Jules Simon nous disait, la semaine dernière, que

les républicains qui nous gouvernent avaient cousu leurs galons sur les vestes de l'Empire, et que, cela fait, ils tenaient la révolution pour accomplie ; ils n'avaient plus qu'à digérer. Il y a bien autre chose vraiment qu'une question de galons entre eux et le régime impérial. Autant dire que les rois nègres du Gabon qui se harnachent avec nos défroques militaires représentent l'armée française ! J'imagine pourtant que le général Boulanger ne poussera jamais la témérité de ses innovations jusqu'à les reconnaître pour confrères.

La vérité, c'est que l'autorité, telle que le jacobinisme régnant la comprend et l'exerce, constitue l'oppression la plus haineuse, la plus mesquine et la plus bête qu'un peuple ait jamais subie. Toute atrocité se mesure à la civilisation au milieu de laquelle elle s'accomplit. Aux temps barbares, on tuait un homme, on massacrait une famille, on saccageait une ville, sans autre raison que le caprice ou la bravade d'un chef vre ; sous l'ancienne monarchie, on se débarrassait de l'individu importun ou gênant en le mettant à la Bastille, sans même lui dire pourquoi, et ces pratiques violentes terrifiaient le peuple, sans le révolter. Ni le sentiment de la justice, ni l'idée du droit, ni le principe de l'inviolabilité humaine n'avaient pénétré la conscience encore obscure du monde. Mais lorsqu'on voit, cent ans après la Révolution française, et à la fin d'un siècle qui pensait avoir tout émancipé, un gouvernement comme le nôtre, d'origine libérale et d'essence démocratique, n'employer son esprit, son pouvoir, ses organes et son influence qu'à tenailler, pressurer, supplicier le reste de la nation, on peut hardiment prétendre que les tyrans de la République sont deux fois plus odieux que les tyrans féodaux contre lesquels ils déclament, parce qu'ils sont plus conscients et plus petits.

A Paris, où la vie est large et libre, où la République, noyée dans l'indifférence des uns, dans le mépris des autres, dans le scepticisme de tous, n'atteint et n'émeut personne, on n'a aucune idée de ces mœurs sauvages qui désolent en ce moment nos campagnes. On ne sait pas que la guerre est sur chaque maison, que la haine est embusquée derrière chaque buisson, que l'espionnage guette chaque geste, recueille chaque parole, et que la délation est le courrier familier de quiconque est républicain. Les conservateurs indépendants bravent assez gaiement cet état de siège; mais malheur à quiconque a besoin d'autrui ! S'il est seulement suspect de fréquentations réactionnaires, il n'y a pour lui ni pitié ni justice. Il sera puni, molesté, traqué, frappé dans sa personne, dans sa famille, dans ses enfants, et les quolibets des bourreaux viendront encore insulter aux misères qu'ils auront faites. Qu'on imagine une troupe de Canaques outrageant et piquant de la pointe de leurs lances des ennemis garottés, et l'on aura une idée à peu près exacte des mœurs de la République, à la campagne. C'est à cette besogne que s'emploie généreusement son peuple, les uns parce que c'est leur métier, les autres parce que c'est leur humeur.

J'ai interrogé mes collègues de la droite, et tous m'ont assuré que c'est là le régime commun qu'on applique aux conservateurs, dans tous les départements. La Normandie avait à peu près échappé jusqu'ici à ces sauvages pratiques, et voici qu'elles la ravagent à son tour. J'ai dit combien nos populations de travailleurs répugnaient à cette obsession de la politique qui perpétue la guerre électorale, arme les familles les unes contre les autres et fait de chaque commune un champ de bataille. Mais, quel que soit leur éloignement pour les querelles intempestives, il ne dépend pas d'eux d'ignorer le trouble que cette guerre apporte dans leur existence, et de contenir le cri d'impatience qu'il leur arrache : — Est-ce que tout cela ne va pas finir ?

Dans l'étrange discours qu'il adressait, hier, à l'*Association générale des étudiants*, M. Renan répondait allègrement : — Gardez votre sérénité quand même, et faites toujours bon visage au gouvernement, quel qu'il soit et quoi qu'il fasse ! — Morale délicieuse, en vérité, et d'une prédication facile dans un banquet. Mais elle est d'une pratique un peu plus rude, et si l'académicien couronné de roses, qui chante si drôlement ses hymnes à la gaieté, était soumis pendant six semaines seulement à ce régime épais et brutal, j'imagine qu'il opposerait une philosophie moins frétillante aux plaintes de ses victimes.

18 mai 1886.

LE CONSEIL MUNICIPAL

Il était de mode, sous l'Empire, de réclamer pour Paris les « franchises municipales ». C'était un beau sujet de rhétorique. M. Ernest Picard y conquit une aimable renommée d'orateur caustique et d'homme d'esprit. L'Empire laissait dire, et l'opposition cueillait à ses dépens toutes les couronnes qui sont le prix ordinaire de ces sortes de tournois. Mais à force de faire retentir ces revendications dans l'âme populaire, toujours hospitalière aux niaiseries sonores, on finit par les rendre inéluctables. Lorsque l'Empire disparut, il n'y eut plus de digue contre le flot montant du libéralisme, et la France se trouva subitement inondée d'incongruités. Il fallut que la République appliquât les bêtises dont son peuple d'antan avait fait des principes. Le conseil municipal de Paris nous est venu de là, et il s'est trouvé que ce conseil, au lieu d'être une « franchise », est la plus étroite, la plus incommode, la plus malfaisante et la plus périlleuse des tyrannies : c'est proprement la résurrection de la Commune.

M. Haussmann avait coutume de répondre aux revendicateurs attitrés qui faisaient commerce de ces fadaises : — Laissez donc ! Il n'y a pas de Parisiens à Paris ; il n'y a que des nomades ! — Le mot excédait, sans doute, ce qu'il voulait dire. Il y a des Parisiens qui demeurent ; on connaît même des gens qui naissent, vivent et meurent à Paris. Il n'en est pas moins vrai que Paris se recrute principalement par l'accession indéfinie des émigrants de province qui viennent y chercher fortune ou plaisir. Cette population mobile et qui se renouvelle incessamment, sans lien, sans adhérence, sans cohésion, est foncièrement incapable de donner à Paris la personnalité d'une commune. C'est tout au plus un merveilleux champ de foire où l'on demeure, parce qu'il est, en même temps, le centre de toutes les affaires et de tous les agréments. On aime passionnément Paris, mais pour soi, plutôt que pour lui ; on l'aime, parce qu'il réunit dans un éblouissant ensemble, tout ce qui répond le mieux aux aspirations diverses de l'égoïsme humain. Mais on ne l'aime pas comme on aime sa petite ville ou son village, la petite patrie qui renferme la maison des vivants et le tombeau des aïeux, qui est, à la fois, un foyer et une famille, et dont la personnalité réelle,

faite de traditions, de souvenirs, d'habitudes, d'intérêts et de solidarité se résume en un seul mot : la
commune.

En ce temps de tyrannie, on s'obstinait à penser
que Paris, n'ayant pas le caractère d'une commune,
n'avait pas droit à un conseil municipal. On trouvait
qu'il était périlleux autant qu'inique d'abandonner
la gestion des intérêts parisiens à une multitude de
gens qui, pour la plupart, ne paient aucun impôt, et
n'ont, par conséquent, aucune part dans les charges
de la Ville, affranchis qu'ils sont des taxes perçues
pour y faire face. Le commerce, l'industrie, le travail, le capital, la propriété, toutes les forces contri-
butives de l'agglomération parisienne passaient alors
pour mériter quelques égards, et l'on n'avait pas encore imaginé que les centaines de millions qu'elles
produisent revenaient de droit aux sociologues variés qui tiennent boutique de réformes, dans les clubs
de Charonne ou de Ménilmontant. On considérait, en
outre, que Paris, étant la capitale de la France et le
centre des pouvoirs publics, devait être régi par le
pouvoir qui en avait la garde, et qu'il eût été absurde
et criminel de laisser se constituer et grandir à côté
d'eux une puissance rivale, vouée d'instinct aux
usurpations, et pouvant mettre au service de ses
fantaisies révolutionnaires les deux cent mille émeu-

tiers dont elle eût été la représentation. C'étaient là,
sans doute, d'audacieux sophismes ; ils ont disparu
avec l'abominable régime qui les mettait en pratique,
et M. Joffrin a pris largement sa revanche sur M.
Haussmann. Mais c'est la consolation de M. Haussmann de penser que jamais Paris ne fut plus propre,
plus sain; plus beau, plus commode à ses habitants,
plus avenant à l'étranger qu'en ces temps détestés où
ceux qui se sont partagé sa gloire n'étaient pas encore
des lumignons.

La République a voulu que Paris jouisse du droit
commun, et c'est pitié de voir le cas que fait Paris
d'un pareil cadeau. Il semble que rien ne dût l'intéresser autant que les élections municipales, parce
que le conseil qu'il nomme s'interpose dans sa vie de
tous les jours. L'eau qu'il boit, l'air qu'il respire, le
gaz qui l'éclaire, le pavé qu'il foule, la police qui le
protège, l'école qui élève ou déprave ses enfants,
l'impôt qu'il supporte, tout cela, et beaucoup d'autres choses encore, relèvent immédiatement du conseil municipal. Il n'en a pas souci ! L'élection des
députés, pour laquelle il s'échauffe, n'a qu'une action
indirecte et lointaine sur sa destinée : il pourrait n'en
pas nommer du tout, sans que sa condition s'en trou-
vât touchée. Mais le politicien de quartier, qu'il dédaigne de connaître, sera le maître de sa vie, et pour

peu qu'il soit naturaliste, il voudra que Paris soit semblable à lui !

Cependant les honnêtes gens s'émeuvent, et demandent avec angoisse au gouvernement ce qu'il entend faire pour les sauver de cette barbarie. Le malheur est que le gouvernement n'a pas plus conscience de ses intérêts que de ses devoirs. Nous avons entendu successivement M. le ministre de l'intérieur et M. le président du conseil, et les explications qu'ils nous ont fournies trahissent un si profond délabrement de l'esprit, de la conscience et de la volonté, que la plume doit renoncer à qualifier ce spectacle inoubliable, afin de rester décente. On a vu, certes, depuis dix ans, passer sur les bancs du gouvernement assez de ministères affalés et loqueteux ; mais je n'ai pas souvenir qu'aucun d'eux ait jamais étalé de pareils haillons. C'est l'excès de sa misère qui l'aura sauvé : on a eu pitié, sans doute, de le jeter dehors en cet état !

Vous connaissez ce jeu banal d'antithèses dont usent communément les ministres qui n'ont de résolution pour rien : « Ni provocation ni faiblesse... L'énergie dans la modération !... Le calme dans la force !... Nous ne permettrons pas... » Ah ! il vous faut des provocations nouvelles pour mettre votre énergie en mouvement ? Les scandales d'hier vous laissent insensibles ;

mais vous vous insurgez contre les fredaines de demain ? Il vous convient d'attendre que le conseil municipal vous ait mis le bonnet d'âne pour vous apercevoir qu'il est capable d'irrévérence ? Mais c'est fait depuis longtemps, et vous n'êtes pas les seuls, hélas ! qu'il ait ainsi coiffés. Il y a dix ans, au moins, qu'il s'exerce à la sédition, dix ans qu'il entasse les délibérations illégales sur les provocations révolutionnaires et oppose hardiment la commune de Paris au gouvernement de la France. D'année en année, il croît en audace comme il croît en puissance ; chaque élection nouvelle le fortifie et l'accrédite dans sa tyrannie insurrectionnelle, et nous sommes tellement habitués à ses usurpations insolentes, que M. Sigismond Lacroix a pu, sans soulever l'indignation de la République officielle, faire défense au cabinet et à la Chambre de gouverner contre Paris ! Et c'est après cela que M. Tirard vient nous dire, d'une voix élégiaque : — Nous ne permettrons pas... — Je voudrais bien savoir quand le conseil municipal a demandé aux ministres de la République la permission de se moquer d'eux ?

C'est une chose digne de remarque que ni les ministres, ni M. Waldeck-Rousseau, qui a donné au cabinet une fine et cuisante leçon de gouvernement, ni M. de Lamarzelle lui-même n'aient osé indiquer le vrai remède. Menacer le conseil municipal est une naïveté ;

il en rit. Le dissoudre est une chimère : il serait réélu tout entier. Que faire alors ? Je vois d'ici la mine scandalisée de nos libéraux et leur geste de noble récusation au seul mot qui convienne pour trancher à jamais un pareil conflit : il faut le supprimer! Oui, docteurs, il faut supprimer le conseil municipal, par cette raison décisive que Paris n'est pas une commune, mais la commune des communes, le centre de la vie nationale, le siège des pouvoirs publics, la capitale, en un mot, et il importe que la capitale soit neutralisée. Aux précieux privilèges dont jouit Paris, à titre de capitale, correspondent des obligations étroites qu'un gouvernement conscient de son rôle et soucieux de sa dignité ne peut laisser mettre en péril.

Puisque Paris a l'honneur unique d'abriter les pouvoirs publics et de jouir, à l'exclusion de toutes les autres communes de France, des avantages qui les entourent, de posséder par eux cette parure incomparable de monuments qui sont à la fois le legs de tous les régimes et le don de toutes nos provinces, il est nécessaire pour la sécurité de l'État et pour l'honneur de notre nom devant l'étranger, qu'il soit, non pas une commune, mais une résidence d'exception, la plus sûre, la plus belle, la plus brillante, la plus hospitalière des villes, et ce n'est pas dans les fantaisies révolutionnaires de son peuple ou de ses élus qu'on ira

chercher ces garanties ! Aussi bien les autonomistes
les plus effrénés reculent-ils à demander l'assimilation
absolue avec les autres communes. Ils consentent une
certaine diminution de leurs droits et acceptent, en
certaines choses, le contrôle et même le *veto* de l'État.
Qu'est-ce à dire, sinon que l'exception est, en ce qui
concerne Paris, le droit même ? Et en quoi la suppression pure et simple du conseil municipal serait-elle
une exception plus illégitime ou plus choquante que
le partage du pouvoir municipal avec l'Etat ?

S'il y a dans la Commune de Paris, aujourd'hui re-
constituée, un péril incessant pour les pouvoirs publics
et pour la paix sociale, le mal n'est pas dans le conseil municipal, mais dans l'imbécillité de ces pouvoirs
eux-mêmes qui ont voulu que l'insurrection siégeât à
côté d'eux. Le conseil municipal fait son métier, tel
qu'il le comprend et tel que la population parisienne
lui a donné mandat de le remplir. Il y a dans cette
assemblée d'ogres des sectaires avisés, des logiciens
redoutables, qui essaient de mettre en pratique les
aspirations grossières d'où ils sont sortis. Ce sont les
seuls républicains que je comprenne, les seuls aussi
qui me paraissent comprendre la République. Car si
la République n'est pas le renversement systématique
des lois, des mœurs, des conditions qui ont constitué
jusqu'ici les sociétés, elle n'est qu'une caricature des

gouvernements monarchiques et ne répond à rien. Les réformateurs du conseil municipal ont donc raison, à leur point de vue, de pousser la République au socialisme : c'est là son principe et sa fin. Mais ils ont tort au nôtre. Je ne discute pas avec eux ; je constate seulement que l'œuvre qu'ils accomplissent jour par jour est un péril public ; et c'est pourquoi je les supprime. S'ils deviennent jamais les maîtres, ils nous supprimeront à leur tour, et seront conséquents.

Seulement, cette chirurgie politique ne peut être exercée par des républicains. Ils seraient obligés d'opérer sur eux-mêmes, et c'est un genre d'héroïsme dont ils ne sont pas capables. Il y a des solidarités de parti qui commandent les mêmes complaisances aux modérés et aux radicaux. On l'a bien vu par la journée d'hier, dont le résultat final est l'abdication expresse des pouvoirs publics devant la Commune émancipée. Je constate l'événement sans m'en étonner. Mais il est bon qu'on sache, au moins, que cet effondrement n'est pas sans appel, et que le jour où la Droite aura conquis le pouvoir, son premier acte sera d'opérer d'un trait de plume ce qu'aucun républicain n'ose seulement énoncer.

17 janvier 1888.

PRINCES ET PRÉTENDANTS

On saura demain, sans doute, si le gouvernement est résolu à expulser les princes, ou à leur accorder un nouveau sursis. Un journal dont l'ironie me paraît fort avisée lui a conseillé d'expulser tout simplement M. de Grandlieu. S'il faut absolument qu'il expulse quelqu'un pour contenter les augures de la République, cette combinaison est tout à fait diplomatique. Exiler M. de Grandlieu, et garder les princes, ce serait frapper dans la juste mesure la conspiration royaliste de la peine qu'elle mérite, sans risquer d'encourir la réprobation des gouvernements qui ont conservé des préjugés monarchiques.

Expulsons M. de Grandlieu! N'est-il pas, à lui seul, l'auteur et l'agitateur de la conspiration? S'il n'avait ni vu ni parlé, la soirée de l'hôtel Galliera n'eût pas dépassé les proportions d'une fête de famille. Mais il a des yeux de voyant et la bouche inspirée d'un prophète. C'est lui qui nous a révélé que les invités portaient sous le frac le poignard des conjurés, et que les dames elles-mêmes avaient, sur la corbeille de noce, juré la mort de la République ! C'est par lui que nous avons appris que M. le comte de Paris, sous couleur de donner une soirée, passait une revue, que la royauté était là tout entière, et que le fringant escadron de gentilshommes, dont les noms à panache ont illuminé, trois jours durant, les colonnes des journaux de cour, constituait tout son personnel de gouvernement. Ces révélations tragiques donnaient vraiment à la soirée de contrat la tournure d'une préface à la révolution prochaine, et ce n'était pas trop de dire, en vérité, que M. le comte de Paris avait montré dans tout cela la hauteur d'âme d'un roi et la décision d'un conquérant.

La République a pris peur. Peut-être eût-elle mieux fait d'en rire ; mais le rire n'est guère dans ses moyens. C'est une personne d'humeur revêche et tendue, qui fait communément toutes choses à contre-temps, se fâche où d'autres s'égaient, et s'affole quand il faudrait braver. Que voulez-vous ? elle est ainsi faite, et, puisqu'elle ne peut être autrement, ce n'est pas la peine de le lui reprocher.

> Chacun fait ici-bas la figure qu'il peut,
> Ma tante, et de l'esprit, il n'en a pas qui veut.

Si elle avait eu du sang-froid, elle ne se fût pas étonnée que, dans une ville qui donnait au mois d'oc-

tobre dernier cent mille voix à l'opposition antirépublicaine, il se rencontrât quatre mille personnes pour
aller chez le comte de Paris. Et si elle avait eu de
l'esprit, elle se fût contentée d'appeler tout son peuple à contempler le personnel de gouvernément que
lui présentait M. de Grandlieu.

L'écrivain du *Figaro*, qui est, à l'ordinaire, homme
de sens et de talent, n'a pas mesuré cette fois l'élan
de son royalisme. Qu'on l'en blâme ou qu'on l'en
loue, cela n'a pas d'importance en l'espèce; il est
seul responsable de ce qu'il lui plait d'écrire. Il faut
vivre dans une société détraquée comme la nôtre,
avoir affaire à des esprits vraiment hallucinés par la
peur, pour qu'on songe à faire porter aux princes la
peine des écarts de plume ou de langage de leurs
amis. Il y a trois mois, il arrive à M. de Lanjuinais
d'exprimer à la tribune l'espérance d'assister bientôt
à l'étranglement de la République. C'est son droit,
j'imagine, d'entretenir de pareils espoirs, et, si l'expression blessait les sentiments contraires de la majorité, il suffisait de répondre que la République est
immortelle. De part et d'autre, on en croit ce qu'on
en veut croire. Mais non! Il ne fallut pas moins
qu'un projet d'expulsion des princes pour châtier
M. de Lanjuinais de son impertinence. Hier il plait à
un journaliste de transformer une soirée de contrat

en manifestation royaliste, et le même cri part de tous les coins de la République : — Les princes à la frontière !

Eh bien donc, qu'on les y conduise ! Les républicains feront ainsi leur métier de sectaires inquiets, soupçonneux et visionnaires, et les conservateurs cesseront de rabaisser la dignité et la force des princes par les plaidoiries qu'ils consacrent à leur défense. Ce qui me choque, en effet, dans cette question des princes, c'est bien moins l'affolement des républicains que la modestie des monarchistes. Chaque fois qu'un heurt se produit et que la République grogne, les conservateurs n'ont garde d'opposer fièrement l'autorité de la tradition que les princes personnifient au pouvoir accidentel qu'elle détient ; ils ne mettent pas les deux gouvernements face à face, et n'appellent pas le peuple à les comparer ; ils se dérobent ; ils attestent l'innocence des princes, la correction de leur conduite et l'inaltérable insignifiance des actes qu'on leur reproche ; ils n'invoquent enfin, pour leur défense, que le droit commun ou leur inviolabilité de citoyens.

Au risque de compromettre leur repos, je déclare que la qualité de citoyens est le moindre de leurs titres, et que le droit commun est le dernier des arguments que des monarchistes résolus et militants puissent invoquer. Les princes de famille souveraine sont plus que des citoyens ; leur condition fait d'eux, qu'il le veuillent ou non, des prétendants. Ils sont des prétendants, parce qu'ils sont l'incarnation vivante et durable du passé monarchique, et des regrets qu'il laisse après lui ; parce que c'est sur eux que se concentrent les souvenirs d'hier et les promesses de demain ; parce qu'une bonne moitié de la patrie française fait reposer sur eux ses espérances ; parce qu'ils sont désignés par la conscience publique pour être, aux heures de crise, le refuge et le salut. Et je dis bien haut que le prince impérial ou royal qui verrait sans s'émouvoir s'effondrer la société et se décomposer l'État, qui resterait inerte au milieu de l'angoisse publique, qui fermerait à la fois ses oreilles et son cœur aux plaintes, aux vœux, aux objurgations, au cri de la patrie en détresse, je dis que ce prince faillirait à son devoir, mentirait à son sang et déshonorerait sa maison.

Est-ce une raison pourtant de les proscrire ? Oui, si les républicains les jugent en hommes de parti, et si la République n'est qu'une faction dans la patrie commune ; non, s'ils sont capables d'envisager cette question en citoyens impartiaux et en patriotes. Aux yeux de tout esprit libre, la République n'est pas le gouvernement par excellence : elle n'a qu'une valeur comparative, et il peut arriver que la comparaison tourne à son détriment. Il y a autour de nous des gouvernements monarchiques dont la condition générale n'est pas, j'imagine, inférieure à la nôtre, des gouvernements qui nous égalent en puissance, en crédit, en honneur, en prospérité, des gouvernements ordonnés, respectés et forts, où les assemblées délibérantes peuvent, sans trop d'humiliation, rivaliser avec les assemblées de la République, et dont les ministres ne le cèdent ni en prestige ni en talent aux ministres qu'elle nous montre. Eh bien ! je pense qu'il est licite, sans passer pour un conspirateur ou un mauvais citoyen, d'envier pour la France le sort des monarchies qui nous entourent, et, si c'est un sentiment légitime, je demande sur quelles raisons d'intérêt public on peut bien se fonder pour expulser les princes en qui se résument ces aspirations.

Cette question ne s'adresse ni aux aveugles ni aux sourds, ni aux illuminés ni aux frénétiques, ni aux bonzes ni aux fakirs du parti, ni à aucun de ces incurables sectaires dont l'esprit est fermé à toute clarté par la superstition républicaine. Ce parti, qui se pique d'être l'avant-garde de l'humanité sur la route du progrès, est précisément le seul où se rencontre encore l'idolâtrie des noms, l'incantation des formules, la passion des amulettes et le fétichisme du sauvage. Son peuple est à ce point l'esclave de la magie révolutionnaire qu'il préférerait hautement une république humiliée, famélique, dépenaillée et sordide, à la plus glorieuse, la plus puissante et la plus prospère des monarchies. S'il est vrai que le gouvernement et les Chambres soient, en majorité, possédés de cette passion fanatique, il n'est guère douteux que les princes soient, dès maintenant, voués à l'exil. Mais qu'importe, en somme, le sort des princes à la cause qu'ils représentent ?

Qu'ils s'en aillent ou qu'ils restent, l'opposition n'en sera ni affaiblie ni troublée. Il est même permis de prévoir que son action s'en trouvera plus forte. Car autant les princes prenaient de précautions contre eux-mêmes et contre le zèle de leurs amis, pour ne pas encourir la persécution, autant ils feront et provoqueront d'efforts pour rentrer en vainqueurs dans cette France d'où ils seront sortis en exilés.

Et c'est là précisément ce qui atteste l'inepte imprévoyance des proscripteurs. Ils s'en prennent sottement aux princes du mouvement de révolte que produit à tous les degrés de l'ordre social le spectacle de leurs incongruités et de leurs méfaits. Et dans tout le parti, il ne s'est rencontré qu'un républicain assez clairvoyant et d'esprit assez libre pour le leur dire : c'est M. Henry Maret, qui déclare franchement

que les princes ne sont redoutables que parce que la
République gouverne mal. Elle les exilera donc sans
devenir meilleure ; elle pourrait leur couper la tête
sans que l'opposition conservatrice en perdît un che-
veu. A défaut des princes, il se trouverait toujours
quelqu'un pour être l'incarnation et l'instrument de
ses révoltes. Car, dans cette conspiration croissante
des consciences et des intérêts contre le régime actuel,
les princes sont moins encore l'expression des fidéli-
tés dynastiques que les vivants symboles de la protestation.

25 mai 1886.

L'EXPULSION FACULTATIVE

Si j'étais roi !... dit la chanson. Si j'étais prince, je tiendrais pour une inexpiable injure le droit à l'expulsion facultative que M. de Freycinet réclame comme un adoucissement. Ce n'est point un méchant homme que M. le président du conseil. Il incline d'instinct vers la clémence et ne devient féroce que pour la défense de son portefeuille. Mais c'est en cela précisément qu'il se montre appréciateur incompétent de la dignité des autres. L'habitude qu'il s'est faite de subordonner sa conscience aux plates servitudes de son ambition l'induit à se représenter le reste des hommes comme semblables à lui ; et parce que sa politique est à la merci du premier torchon qui le somme de proposer ou de commettre une vilenie, il en conclut que des princes de famille souveraine seront trop heureux de se soumettre à la même domesticité.

Il se trompe, et l'illusion qui l'a conduit à réclamer le droit facultatif d'expulsion ne peut passer pour

une circonstance atténuante : ce n'est qu'une incongruité. S'il avait un sentiment plus haut de l'honneur des hommes, il eût compris qu'aucun de ces
princes, quelque attachés qu'ils soient au sol de la patrie, n'acceptera jamais cette situation déshonorante
de Français conditionnels, de citoyens diminués, réduits à faire leur pain quotidien de la tolérance ou
des aumônes d'un cabinet républicain. Il peut convenir à tel ou tel politicien de hasard, déguisé en
ministre par la misère grimaçante du temps où nous
vivons, d'accorder à un prince de la maison de
France un permis de séjour dans ce pays qu'ont fait
ses aïeux; mais il serait prodigieux, en vérité, que le
prince s'abaissât jusqu'à vivre des libéralités de ces
gens-là.

Il n'y avait que deux partis à prendre, en ce qui
concerne la situation des princes : l'expulsion totale
ou le refus d'expulser. Ce n'est pas seulement la logique absolue qui commandait cette alternative. Si
ce n'était que cela, il serait assurément permis de
n'en tenir aucun compte. En matière de gouvernement, la logique cède le pas à l'opportunité, et la
raison d'État ne s'accommode pas toujours des solutions simples. Mais, dans cette question des princes,
la logique était rigoureusement d'accord avec l'intérêt
politique. A quelque solution qu'on s'arrêtât, elle

faisait une situation nette et forte, tandis que les combinaisons bâtardes où se joue l'esprit de M. de Freycinet resteraient, si, par impossible, les princes en acceptaient la honte, une cause incessante d'embarras et de conflits.

Le premier soin des dynasties en possession du trône fut toujours d'exiler les dynasties rivales. En expulsant les prétendants, la République suit simplement un exemple qui lui vient de haut, et puisqu'elle joue elle-même à la dynastie, puisqu'au lieu d'être le gouvernement de tout le monde, elle n'est que la tyrannie d'une faction, il n'est ni surprenant, ni déraisonnable qu'elle recoure, à son tour, aux mesures d'exception. Le pis qu'on puisse lui reprocher, c'est d' y recourir mal à propos et sans raison. Personne ne se fût récrié, si la République avait expulsé les princes immédiatement après le vote de la Constitution qui venait de lui assurer la possession légale, ou bien encore après la réaction manquée du 16 Mai, bien que les princes n'y eussent été pour rien. Mais l'expulsion, après dix années de tolérance, aux cours desquelles les princes ont simplement donné la preuve de leur inertie et de leur impuissance, ce n'est qu'une aberration.

Aberration de la part de ces républicains visionnaires qui crient aux princes comme les chiens aboient à la lune ; intrigue de la part des meneurs qui, par rancune ou par impatience, se sont fait de la question des princes une arme d'éviction contre le cabinet. Le tort de M. de Freycinet est de n'avoir pas démêlé cette conspiration qui le vise encore plus qu'elle ne menace les princes, ou, s'il l'a démêlée, de n'avoir ni assez de résolution pour la déjouer, ni assez de générosité pour honorer sa chute.

Il pouvait réclamer, au premier moment, l'expulsion totale, et prévenir ainsi les exigences de la fraction radicale du Parlement. Cette initiative hardie eût conquis toute la gauche, et le centre opportuniste, pour n'être pas accusé de trahison, eût été forcé de suivre. Ou bien, si cette politique terroriste lui répugne, il pouvait répondre aux premières sommations des expulseurs qu'il n'expulserait personne. Il y aurait eu bataille évidemment, et je ne prétends pas que la politique de résistance eût vaincu. Mais « il y a des défaites triomphantes à l'envy des victoires », parce qu'elles préparent des revanches. Au milieu de cet avilissement des consciences, de cet avachissement des volontés qui caractérise le régime actuel, c'eût été un spectacle fortifiant et beau que cette protestation d'un homme contre les fureurs d'une meute. La France, qui n'est ni d'esprit ni de cœur avec ses représentants, eût applaudi cet accès inattendu d'héroïsme chez M. de Freycinet, et la réaction, qui aura nécessairement son heure, en eût fait plus tard le piédestal de sa grandeur future.

Mais ce n'est pas ainsi que M. de Freycinet comprend son métier, et les résolutions héroïques ne sont pas du tout son fait. Il flotte à la surface des majorités parlementaires, comme un bouchon sur l'eau. Son idéal est de vivre et de s'assurer, à force de concessions ou d'habileté, une existence soumise, modeste, tranquille et garantie contre les accidents. Il est seulement fâcheux qu'avec un pareil tempérament il ait l'ambition d'être ministre : il lui suffirait d'être rentier.

On n'est pas ministre pour sa commodité, ni pour son plaisir. On est ministre pour le service de certaines idées, pour la défense de certains principes, pour la sauvegarde de certains intérêts, pour le perpétuel combat contre tout ce qui blesse ou menace la tutelle que le gouvernement exerce sur la société et sur l'État. Il est bien certain que le meilleur moyen de vivre tranquille, et, pour un ministre, de vivre longtemps, c'est de ne contrarier personne ; mais il faut prendre garde que cette commodité d'humeur ne soit une abdication. Un ministre est un combattant. Le mot même de gouvernement implique l'idée d'une fonction active et militante qui s'étend à tout et ne se désintéresse de rien. Le gouvernant est celui qui conseille, dirige, retient, exerce son initiative, oppose son *veto* et joue sa vie sur toutes les questions intéressant les institutions dont il a la garde ou l'ordre social, tel qu'il le conçoit et le veut maintenir. Celui qui s'abstient ou se soumet pour mieux vivre déshonore sa fonction et trahit son pays.

On me dira peut-être que M. de Freycinet résiste vaillamment en repoussant la proposition Burdeau, pour s'en tenir à la proposition Brousse. Je ne demanderais pas mieux que de l'en louer, si je pouvais comprendre ; mais je ne comprends pas ! Les deux propositions concluent à l'expulsion obligatoire des héritiers directs de la couronne, et à l'expulsion facultative des autres membres des deux familles. Il y a peut-être une nuance dans la rédaction ; mais il faudrait avoir fait ses études à Byzance pour s'y intéresser. Et c'est précisément sur ces distinctions byzantines que M. de Freycinet fait reposer son opposition. Il s'agit de savoir si ceux des princes que la loi d'exil doit épargner resteront sur le territoire de la République parce qu'on ne leur a pas dit de partir, ou parce qu'on leur aura dit de rester !... Voilà tout le débat, et la résistance de M. de Freycinet ne dépasse pas l'étude de ce merveilleux problème.

Tout autre que lui se fût préalablement inquiété

des causes et des effets, des mobiles divers d'où la proposition d'exil est sortie, de son influence éventuelle sur la situation intérieure, sur la conduite ultérieure des princes et sur le jeu des partis, sur les conséquences qu'elle peut entraîner dans nos relations avec l'étranger, et, après avoir pesé toutes choses en homme de gouvernement, il eût pris une résolution conforme aux prescriptions de son patriotisme, de sa conscience et de sa raison. C'était l'exil pour tous, si l'exil lui paraissait être une mesure de salut public ; ou un *veto* absolu, si l'exil n'était à ses yeux qu'une iniquité gratuite, un embarras et un danger.

Ce n'est un mystère pour personne que M. de Freycinet est l'adversaire intime de toute expulsion, et qu'il tient la mesure pour périlleuse autant qu'imméritée. C'est lui pourtant qui l'a proposée, parce qu'il la voyait poindre, et que sa fortune ministérielle est intéressée à prévenir tout soupçon de résistance ou de tiédeur. Seulement, comme il est de ces petits carnassiers qui suivent les grands fauves en chasse, et met une sorte de respect humain à paraître moins féroce que ceux qui lui commandent, il a imaginé d'édulcorer l'exil, en sacrifiant les uns, en épargnant les autres : il croit ainsi sans doute satisfaire les proscripteurs et conserver quelques titres à la gratitude des honnêtes gens !

C'est trop de présomption pour le métier qu'il fait. La sagacité, pourtant fort éveillée, de M. de Freycinet le trompe ici deux fois. Comment n'a-t-il pas compris que le pouvoir arbitraire qu'il réclame serait pour lui le plus mortel des présents ? A supposer que les princes consentissent à rester en France sous sa surveillance, il ne se passerait pas un jour sans qu'on les accusât de conspiration et qu'on sommât le gouvernement d'user contre eux de son droit d'expulsion. Cette disposition n'est qu'un appel aux dénonciations incessantes, aux sommations réitérées, et aucun cabinet n'y résisterait quinze jours.

Quant à l'opinion que peuvent avoir de lui les conservateurs, nous nous en rapportons aux républicains du soin de la traduire : les événements ne tarderont pas à prouver qu'il n'y a pas dissentiment. Dans la protestation très digne et fort éloquente qu'il adresse aux députés, le prince Napoléon, qui montre à l'endroit des autres une clairvoyance dont il a malheureusement manqué pour la conduite de ses propres affaires, prédit à la République les fatalités qui l'attendent, et son pronostic ne sera pas trompé. Mais M. de Freycinet ne sera plus là lorsqu'elles s'accompliront. On se sert de lui pour ouvrir la brèche. Dans quelques semaines, dans quelques jours peut-être, on le jettera dédaigneusement en bas du fossé, comme il convient qu'on en use avec les instruments inutiles, et le malheureux, désormais sans amis, sans clients, sans avenir, disparaîtra obscurément dans ces régions innommées où Lamennais envoie se dissoudre les âmes cadavéreuses et les consciences mortes.

8 juin 1886.

FATALITÉS RÉPUBLICAINES

M. de Freycinet a réclamé des Chambres l'autorisation d'expulser les princes suivant son bon plaisir ; la majorité républicaine a répondu qu'il lui fallait l'expulsion obligatoire, immédiate et totale ; M. Basly a requis la confiscation de leurs biens ; M. Michelin a déclaré, dans un mouvement d'humeur qui n'est encore qu'une interruption, que ses aïeux, les géants de 93, n'avaient pas coupé assez de têtes, et M. Laur, qui se pique de modération, a demandé au gouvernement de retirer les troupes de 'Decazeville, afin de rendre aux grévistes la liberté de l'assassinat, qui est, paraît-il, le droit commun : voilà le contingent politique de la dernière semaine. Ceux qui trouvent que la République fait peu de progrès ne savent ni voir ni prévoir. Il est difficile d'aller plus vite et de tendre plus loin.

J'ai entendu un brave homme de l'Ouest regretter, en termes amers, que les princes d'Orléans n'eussent pas prévu, dès 1873, ces sinistres destinées. Il dépendait d'eux seuls, en effet, d'empêcher le vote des lois

constitutionnelles d'où la République est sortie, avec
cet effroyable cortège de violences, d'iniquités, de
discordes et de périls, qui sont toute l'histoire des dix
dernières années. Mais, comme ils sont honnêtes gens,
ils rêvaient alors d'une république semblable à eux,
pacifique, libérale et modérée, respectueuse du bien
et des libertés d'autrui, une république de Salente,
gouvernée par les Idoménées du centre gauche, et ils
employèrent ingénument, ou laissèrent employer le
contingent de suffrages dont ils disposaient dans l'Assemblée nationale à réaliser leur rêve. C'est de là que
nous est venu M. Basly.

Je cite Basly parce qu'il est en ce moment le type
le plus accrédité de ces *outlaws* volontaires qui ont déclaré la guerre à la société, et qui prennent pour une
opinion de parti la frénésie révolutionnaire qui les
possède. Il est assez difficile de démêler ce qui est factice et ce qui est sincère dans la rage d'effraction dont
il fait montre. Je l'examinais, l'autre jour, pendant
qu'il faisait sa petite démonstration socialiste à la
tribune. Le *factum* qu'on lui avait rédigé, et qu'il lisait
péniblement, ne valait pas le diable. Mais il s'inter-
rompait à chaque instant pour répondre aux interrup-
tions dont la droite et le centre hachaient sa lecture,
et c'est dans ces digressions rageuses que l'homme se
révélait. Eh bien, il m'a paru qu'il y a beaucoup de

cabotinage dans son apostolat. Il déclame et pose, en rabaissant de parti pris et sans raison sa propre condition ; il met une affectation d'orgueil mauvais à rappeler qu'il n'est pas allé à l'école, et qu'il travaillait dans la mine ou dans son cabaret pendant que ses interrupteurs étudiaient dans les lycées. Il pense à lui beaucoup plus qu'à ceux qui ont souffert comme lui de ces inégalités de fortune, et sa personnalité, à la fois ulcérée et vaniteuse, domine les revendications dont il est le pontife.

Ce n'est pas de quoi s'étonner. Il faudrait une tête plus solide que la sienne pour jouer avec simplicité le rôle étourdissant auquel il a été promu. Qu'on parade sur les planches d'un théâtre ou sur les tréteaux populaires, on y prend fatalement la boursoufflure du comédien. Une voix lui a crié des bancs du centre : « Vous êtes le roi de la grève ! » et le mot ne lui a pas déplu. Il a de l'emphase sans style, une outrecuidance gauche, une jactance de faubourg qu'il voudrait rendre terrible, et qui fait seulement sourire. Sa haine, au moins, est franche, bien qu'elle lui enfle les joues un peu plus qu'il ne faudrait. Lorsqu'il promet de « terrasser » le capital et menace les députés de la droite « de les faire disparaître du sol de la République », il use d'un répertoire qui n'est pas à sa mesure. Mais il sent violemment ce qu'il dit, et rien

n'est plus sincère que l'intensité de sa passion. Si le
capital, les patrons et les classes dirigeantes n'avaient
qu'une tête et qu'il en fût le maitre, il est probable
qu'il n'hésiterait guère à combler d'un seul coup le
vœu rétrospectif de l'aimable M. Michelin.

Et cette haine s'appelle légion. Il y a aujourd'hui
des milliers et des milliers d'hommes dont l'ignorance
farouche, exploitée par la brigue révolutionnaire, n'a
d'autre idéal que ce « chambardement » universel
dont Basly est le prophète au Palais-Bourbon. Cette
armée de Jacques qui tiennent la Commune pour une
amusette, n'attendent pour donner l'assaut et com-
mencer le sac de la vieille société que la complicité
définitive du pouvoir ou son abdication. Il ne semble
pas qu'ils doivent attendre longtemps. Qu'ils observent la vitesse de la descente et comptent les étapes
qu'il reste à franchir, ils sauront, à quelques semaines près, l'époque où la République tombera entre
leurs mains.

Basly galope en fourrier, en avant du gros de l'armée républicaine, et prépare les relais : il sait bien
qu'elle ne manquera pas au rendez-vous. La République incline à la violence comme l'eau suit la pente,
et si puissante est la fatalité qui l'entraine, que si l'un
des siens s'efforce à remonter le courant, les autres
ne se retournent que pour l'accuser de trahison. Basly

n'est donc pas un isolé : c'est un précurseur. Lorsqu'il
déposa, l'autre jour, son projet de confiscation, la
majorité ne laissa pas de le trouver intempestif, et
quelques-uns murmurèrent : Voilà un fâcheux personnage ! Mais ces honnêtes scrupules ne durent
jamais qu'un jour, et M. de Freycinet, qui confisquera les biens comme il chassera les princes, le
sentait si bien, qu'il n'osa protester contre la flétris-
sure que lui infligeait la droite en demandant que
le projet Basly fût joint à la proposition ministérielle.

Le lendemain, dans les bureaux, le projet de confiscation avait rencontré des légistes amateurs qui
trouvaient que les idées de M. Basly méritaient examen. Dans six mois, lorsque la République aura constaté que l'exil des princes a plutôt vivifié qu'affaibli
leur cause, la confiscation sera réclamée avec une
triomphante violence, et le cabinet, docile jusqu'à la
guillotine, déposera un projet conforme. Après la
fortune des princes, on confisquera les biens des associations religieuses. C'est l'affaire d'une formule :
— Les biens de mainmorte font, de droit, retour à
l'État. — Puis on s'occupera d'ôter aux riches l'embarras du superflu. La formule de cette spoliation
légale est déjà trouvée : c'est l'impôt progressif. Notez
que chacune de ces « réformes » est dès maintenant

inscrite dans les programmes républicains : rien n'empêchera qu'elles soient votées.

Et nunc erudimini !... Voilà ce qu'on gagne à quitter le droit chemin pour courir l'aventure. Ce sont là les fruits naturels de la Constitution de 1875. Il est aussi simple de pressentir aujourd'hui les fatalités qui nous attendent qu'il était aisé dès lors de prévoir et de prédire les résultats qu'elle devait nécessairement produire ; et ce doit être le remords éternel des constituants monarchistes du 25 février d'avoir obstinément fermé l'oreille aux cris d'alarme des conservateurs plus sagaces et plus fermes qui les avertissaient.

Par cela seul qu'ils livraient la France à un régime qui n'a pas de frontières, il était inévitable que la démagogie l'envahît et le dévorât. Le socialisme révolutionnaire, avec ses passions chimériques ou bestiales, ayant conquis droit de cité dans la République, il est dans sa destinée de se l'assujettir. Dans un État monarchique il n'a ni place ni titre, et dès qu'il se manifeste on le traite en ennemi. Dans un État républicain, il appartient à la famille régnante ; il opère librement sur son propre domaine ; la République est son enseigne et son champ d'exploitation. La surenchère, qui est la fatalité de ce régime, pousse, de concession en concession, les cabinets et les groupes à se fondre en lui ; et, comme c'est une loi de nature que

les modérés seront toujours sùbjugués par les violents, il faut que l'anarchie triomphe et règne, à
moins que la réaction ne la gagne de vitesse et ne pré-
vienne son complet épanouissement.

Cependant des Athéniens attardés s'obstinent à nous
demander ce qu'il y a entre la République et les conservateurs ? Il y a précisément ces fatalités. Il y a
l'exil, la confiscation, la spoliation, l'iniquité, la violence, la proscription de tout ce qu'ils honorent, et
l'effraction de tout ce qu'ils voudraient sauver ; il y a
toutes ces fleurs rouges, fleurs de haine et fleurs de
sang, qui poussent sur le sol révolutionnaire, et que
Basly et ses pairs moissonnent à pleines mains. On ne
prétend pas sans doute que nous en fassions des cocar-
des ! Lorsque nous entendrons un ministre républicain
protester, d'une voix claire et haute, contre ces pratiques, secouer ces servitudes démagogiques, combattre et défier ces fatalités, jouer enfin son existence
pour la défense du droit, de la justice et de la liberté,
alors nous commencerons à croire qu'il y a peut-être
dans la République un coin encore inconnu où les
honnêtes gens peuvent reposer en paix. Mais ce n'est
pas de M. de Freycinet, sans doute, qu'on attend de
pareilles réparations !

1er juin 1536.

L'AFFOLEMENT

C'est vrai pourtant que Jupiter affole ceux qu il veut perdre ! A voir le langage que tient le parti républicain, et la politique à laquelle il s'abandonne on ne peut guère douter que les dieux l'aient condamné, et les dieux ne font que devancer le jugement des hommes.

Les partis se composent de gens qui ont des raisons à peu près égales de professer et de servir telle opinion plutôt que telle autre. C'est affaire d'origine, d'éducation, de milieu, d'esprit, de tempérament, et quelquefois aussi de calcul. Cette diversité d'inspiration se complique encore de l'inégalité avec laquelle la nature a réparti ses dons. De même qu'elle fait des chênes et des roseaux, elle donne à chaque parti ses politiques d'avant-garde et ses trainards, ses imbéciles et ses prophètes. Il suit de là que la conception du gouvernement varie à l'infini, suivant les individus, et suivant les servitudes intimes ou extérieures dont ils ont gardé le pli ; mais on peut dire, à l'hon-

neur de tous, qu'ils mettent leur idéal patriotique à
la même hauteur. Dans l'ordre spéculatif, toute cause
purement politique peut être considérée comme
équivalente à l'autre. Aussi la valeur gouvernementale des partis dépend-elle exclusivement de la manière dont ils pratiquent la politique, et non de la
manière dont ils la professent.

Je dis cela pour établir que j'entends parler sans
prévention de la République et du parti républicain.
Il est certain que les républicains, considérés à titre
individuel, ne sont pas beaucoup plus bêtes que leurs
rivaux. Mais si on examine la collectivité, surtout
dans ses fonctions gouvernementales, on ne peut
s'empêcher de reconnaître qu'elle ne s'élève pas sensiblement au-dessus de l'état sauvage. Il y a, au centre de l'Afrique et dans les îles de l'Océan Pacifique,
des peuplades de nègres que nos républicains sem-
blent avoir choisis pour modèles politiques, tant ils
en reproduisent servilement les mœurs. Ils ont de ces
populations primitives la simplicité d'esprit, la cré-
dulité bornée, l'emportement aveugle, la turbulence
féroce, l'imprévovance, le fétichisme et la puérilité.

Étudiez cette question des princes, dans son principe et dans son développement, et dites-moi ce
qu'on peut augurer de l'avenir d'un régime dont la
politique obéit à de pareilles inspirations. Si ce n'é-

tait qu'une ânerie accidentelle, elle s'excuserait par son étrangeté même. Il n'est point de bon esprit qui ne trébuche à l'occasion, et à qui marche droit d'habitude, un faux pas est aisément pardonné. Mais l'ânerie est la trame même du régime présent, son inspiration ordinaire, sa fatalité ; c'est elle qui le mène, qui l'obsède, qui l'affole et le pousse éperdument, sous les coups de fouet et les clameurs, vers l'imbécillité sanglante que M. Thiers assignait comme terme suprême à la République, avant qu'il eût l'ambition de la conduire.

L'opposition monarchique eût payé le parti républicain pour la débarrasser de toute entrave, et lui donner la cohésion, la liberté, l'élan, la vie qui lui manquaient jusqu'ici, qu'elle n'eût obtenu rien de plus souhaitable, de plus propice à son action que la politique qu'il vient d'inaugurer. — Débarrassons-nous de ce qui nous gêne ! — criait naguère M. Madier de Montjau. Eh bien ! les princes ne gênaient que leur propre parti. Ils s'énervaient, comme l'a dit M. Paul de Cassagnac, dans cette existence obscure, inutile et vide qui les assimilait aux simples citoyens ; ils décourageaient leurs amis par les précautions qu'ils prenaient contre tout éclat de zèle monarchique, afin de prévenir l'expulsion qui planait incessamment sur eux. Je connais assez les sentiments de la droite pour affirmer que sur les cent quatre-vingt-quatre députés qui la composent, il n'en est pas un seul qui ne souhaitât passionnément exil des princes, afin précisément que le prince endormi se réveillât prétendant.

Sans doute, ils ont protesté contre la proscription de toute leur force et par tous les moyens en leur pouvoir; ils l'ont combattue par la parole, ils l'ont repoussée par leurs votes, et j'espère que nos lversaires n'y voient pas une contradiction. Ce n'é t pas seulement leur devoir : c'était aussi l'irrésisti e impulsion de leur cœur. Il y a des cas, Dieu m i, où l'humanité prévaut contre l'esprit de parti, chacun sentait trop vivement ce qu'il y avait de ruauté et de douleur dans cet arrachement pour ne pas sacrifier les conseils de la politique aux prote ations de la conscience et aux révoltes du sentiment

Mais, le crime une fois accompli, qui ne voi que la cause monarchique en a tous les profits ? Les rinces ont répondu par un cri de guerre à la loi i les exile, et nos républicains s'en étonnent. La s peur qu'ils témoignent est vraiment divertissante. A aient-ils donc espéré que les proscrits allaient répondre à la brutalité des proscripteurs par une souriante et muette soumission ? Un juif, dit le Shylock de Shakespeare, a des mains, des pieds et un cœur comme les chrétiens. Les princes sont des Français qui ont une patrie, comme les patriotes les plus renommés du parti républicain, une patrie qu'ils aiment d'un irrépressible amour et vers laquelle se tendent toutes les fibres de leur être, encore et toujours saignantes de l'arrachement d'hier, une patrie à laquelle les attachent plus étroitement que personne le souvenir, les traditions, l'histoire, la solidarité de la destinée, les jours de gloire et les jours de deuil vécus ensemble ; et puisqu'on les en chasse, ils n'ont plus qu'un devoir : c'est de la reconquérir pour la sauver ; c'est d'accomplir la mission qui leur a été dévolue, en l'arrachant aux misères qui la dévastent, aux hontes qui l'attendent et qui menacent de la noyer.

Ce devoir, ils avaient négligé de le faire jusqu'ici : ils vont s'y consacrer désormais. Leur cri de protestation a retenti d'un bout de la France à l'autre : leur manifeste, répandu même par les journeaux ennemis, est aujourd'hui dans toutes les mains ; la conscience publique, provoquée par cette secousse violente à comparer les partis en lutte, s'est prise à comparer le présent au passé, les proscripteurs aux proscrits, et la comparaison n'a pas été avantageuse à la République. Les partis monarchiques sont entrés en campagne avec une ardeur d'autant plus militante qu'elle avait été plus longtemps paralysée, et la République, subitement effarée, a rêvé de nouvelles proscriptions.

Les conséquences s'enchaînent et se développent avec une irrésistible puissance. La République a peur, et elle ne se possède plus. Devant ses ennemis qui la provoquent et triomphent de son effarement, elle se sent ridicule et battue ; la violence lui monte au cerveau, comme un coup de sang. Fâcheux symptôme ! l'affolement est une maladie mortelle. La Terreur autrefois ne fut que la frénésie de l'épouvante. Et ce n'est pas sans raison que je reproduis ici ce mot sinistre. L'histoire se recommence toujours. Mêmes évènements, mêmes acteurs, mêmes passions et même fin. Les séances de la Chambre ressemblent déjà aux séances de la Convention. C'est le même esprit de haine et de proscription qui souffle sur la Montagne ; c'est la même peur et la même lâcheté qui glacent la Plaine et la préparent aux complicités scélérates ou sanglantes ; c'est la même faiblesse dans le gouvernement ; il n'y manque, je l'espère, que la même résignation passive ou souriante, dans le camp des condamnés. Si la guillotine n'apparaît pas encore sur la place publique, c'est que nos mœurs l'ont un peu démodée. Mais je ne crois pas calomnier la République en disant qu'elle a l'esprit terriblement hanté par le souvenir de Fructidor.

Mais après? Fructidor n'est qu'un commencement, et l'on sait comment cela finit. Pendant quelques mois encore, la République, s'abandonnant au délire révolutionnaire qui la gagne, aura la liberté d'immoler tout, hommes et choses, à ses haines et à ses terreurs. La réaction n'en aura que plus sûrement son tour. Elle viendra d'autant plus vite et d'autant plus forte que cet accès de fièvre rouge aura été plus furieux. Il faut être fou à lier pour croire à la vitalité d'un pareil régime. Alors même que la conscience publique sommeille, les intérêts veillent et protestent. Il est indifférent au plus grand nombre de savoir les princes à Paris ou à l'étranger, soit; mais il n'est indifférent à personne de vivre au milieu d'une sarabande de maniaques, d'épileptiques et d'hallucinés. Que demain Bicêtre et Charenton, ouvrant tous leurs cabanons et toutes leurs geôles, versent sur la place publique leur peuple de frénétiques, vous verrez le peuple reculer effaré, et bientôt demander à grands cris qu'on le débarrasse de ces malheureux.

C'est le dénouement probable que nous réserve la République, lorsque la fièvre cérébrale qui l'attaque sera parvenue à son dernier période, et il n'est pas difficile d'en pronostiquer dès aujourd'hui les phases. Elle a pris goût aux mesures d'exception; elle les

multipliera. Elle est condamnée par son tempérament révolutionnaire et par les précédents qu'elle
vient de créer à renouveler, dans la mesure de son
courage et de ses moyens, les attentats de la Convention, sa devancière et son modèle. Elle frappera quiconque lui fait ombrage : après les princes, les amis
des princes qui organisent la résistance, puis les ca-
pitalistes qui seront censés l'alimenter ; après eux,
ses adversaires politiques, ses accusateurs, les tièdes,
les suspects, les amis mêmes en qui elle soupçonnera
des traîtres. Elle immolera la liberté, l'égalité, le droit,
la justice à ses fureurs et à ses soupçons. Elle fera
du gouvernement de la France la tyrannie d'une
secte imbécile et furieuse, et cette orgie durera jusqu'à l'heure fatidique où doit surgir le libérateur,
prince ou soldat, à qui Dieu met le balai à la main.

20 juin, 1886.

8.

LE BOULANGISME

Vive Boulanger !... Ce cri, qui n'est pas encore sé-
ditieux, mais qui sent la sédition, a déjà retenti de
Paris à Marseille, et il n'est pas nécessaire de savoir
mesurer la vitesse du son pour prévoir qu'avant longtemps l'écho s'en sera répercuté partout. Est-ce une
popularité factice, voulue et fabriquée par le parti
républicain tout exprès pour sa défense ? J'ai peine à
le croire en voyant la grimace soucieuse des meilleurs
républicains devant la personnalité encombrante du
ministre de la guerre, et en écoutant les honnêtes re-
montrances qu'ils lui font. J'ajoute que la popularité,
qui est souvent une folie, ne se commande pas. Elle
naît spontanément d'une affinité vivement sentie entre le caractère ou la légende d'un homme et l'âme
d'un peuple. La propagande la développe ; elle serait
impuissante à la créer.

Ceux qui ont crié, crient ou crieront : Vive Boulanger ! sont de qualité diverse, et, partis des points les
plus opposés de la politique, ils se rencontrent dans

la même acclamation. La foule qui l'entourait l'autre
jour, à Longchamps, et l'escortait de ses flots pressés,
comme un triomphateur, se composait, pour la plus
large part, de citoyens qui, aux élections dernières,
ont certainement voté pour la liste la plus radicale.
Eh bien ! que le général s'avise un beau matin de
mettre la République dans sa poche, ils lui feront un
pavois de leurs têtes, et le dictateur factieux ne trouvera
dans le cœur de ces républicains de la veille qu'une
frénétique approbation. Le public plus nombreux et
plus varié qui l'a salué le lendemain, sous les fenêtres
du Cercle militaire, des mêmes vivats, comprenait en
majorité des conservateurs ; car on assure que le cri
maintenant démodé de : Vive la République ! n'a pas
été entendu. Et pourtant, si demain le général Boulanger prenait triomphalement la place des princes
qu'il vient d'exiler, son usurpation n'éveillerait qu'un
sentiment dans le cœur de ces monarchistes : — C'est
bien fait !

Encore faut-il savoir deviner que ceux qui crient ne
sont, à côté de leurs complices silencieux, qu'une imperceptible minorité. Il y a, en ce moment, des milliers et des milliers d'hommes, des millions peut-être,
qui se sentent monter du cœur aux lèvres le même
cri, et qui le retiennent uniquement, parce qu'ils doutent encore de l'homme vers qui va leur appel. Ce

mouvement d'opinion qui ne s'est traduit jusqu'ici que par des ovations isolées n'est encore qu'un courant à peine sensible dans le marais républicain. Mais il suffit du moindre incident pour que les cataractes s'ouvrent, et que l'ennui, la lassitude, l'impatience, le mépris, le dégoût, l'horreur dont cet odieux et sot régime a rempli les âmes, se déversent subitement vers lui. Le courant alors deviendra torrent, et ce n'est pas le coassement des grenouilles qui pourra l'arrêter.

Quel est ce phénomène qui transforme subitement un soldat obscur en héros populaire, et le marque préventivement du signe auquel le peuple reconnaît les hommes providentiels? D'où viennent ces ovations disproportionnées avec le personnage auquel elles s'adressent, et que l'on a déjà comparées aux manifestations qui poussaient, il y a trente-cinq ans, le prince Louis-Napoléon à la dictature? Le général Boulanger n'a ni le prestige dominateur du premier Bonaparte, ni le nom légendaire du second. Le cheval, magnifique d'ailleurs, qu'il montait à la revue, n'a pas été dételé du char de la Victoire, et le panache qu'il porte n'a point d'auréole. Mais ce n'est pas sa faute. Il est venu trop tard pour mesurer son ambition et son courage aux événements qui font les grandes renommées. Soldat brillant entre tous, il n'a eu qu'à franchir à toute bride tous les degrés de la hiérarchie militaire ; le ministère de la guerre qu'il occupe n'est pas un lot de la gloire : ce n'est que le dernier terme de son avancement.

Seulement, ce ministre qui n'a rien fait encore a le tempérament et les allures d'un homme capable de tout entreprendre, et il a suffi de ce signalement pour que l'opinion publique se tournât immédiatement vers lui. Ce qu'il a dit et fait jusqu'ici ne le recommande que médiocrement, à vrai dire, à la faveur des gens sérieux. Il parle souvent à contre sens et s'agite, lorsqu'il suffirait d'agir. Il aurait besoin, notamment, lorsqu'il monte à la tribune du Parlement, du joueur de flûte de Tibérius Gracchus pour régler sa parole. Mais qu'importe ? Il est trop neuf dans la politique parlementaire pour n'y pas trébucher quelquefois, et ces accidents n'entament pas l'opinion qu'on garde de lui. On le sait autoritaire, hardi, entreprenant, aventureux, casse-cou, léger de doctrine et gros d'ambition ; on le voit courir la France, haranguer la multitude, allumer une popularité de prétendant à la flamme des punchs qu'on brûle en son honneur, et l'on se dit que ce n'est pas pour rien. Puis, il a prononcé en plein conseil des ministres une parole déjà mémorable : « S'il me prenait envie de vous envoyer tous à Mazas, personne ne m'en empêcherait. » Ces choses-là plaisent. Bref, la France, en quête d'un homme, croit l'avoir trouvé en lui, et elle le lui dit.

Il passe aujourd'hui pour avoir une étoile ; il y croit lui-même, et comment n'y croirait-il pas? Sa fortune éclatante et rapide n'a subi jusqu'ici aucun accroc. Tout concourt à servir les ambitions qu'on lui prête : l'insuffisance du parti politique sur lequel il s'appuie, le délabrement de la République, l'impopularité des Chambres, l'irritation du pays, la rivalité des deux partis monarchiques, la maladresse de ses interpella-teurs et jusqu'à la généreuse pétulance de M. de La-reinty qui, en lui procurant un duel retentissant, a obligé pendant deux jours un peuple entier à ne s'in-téresser qu'à lui.

Il a conquis ainsi, en moins d'une semaine, une no-toriété que personne, depuis Gambetta, n'avait égalée. De la notoriété à la popularité, il n'y a qu'un pas, et cette popularité naissante se trouve singulièrement aidée par un réveil du patriotisme militaire qui est de bon augure, et dont il a l'honneur et le bénéfice, parce qu'on le rattache à lui.

Les républicains orthodoxes s'en offusquent, et je n'ose assurer qu'ils aient tort. Mais s'ils tremblent de voir leur République sombrer dans une dictature mi-litaire, à qui la faute ? Ces ovations qui appellent vi-

siblement le général Boulanger à l'intervention du
sabre, et l'inquiétude qu'ils en éprouvent ne sont, en
réalité, que l'expiation légitime de l'abominable régime auquel ils nous ont condamnés. Qu'ils se regardent et qu'ils se jugent !

Un bohème ivre, subitement enrichi, par la succession d'un oncle d'Amérique, ne tiendrait pas une autre conduite que les républicains devenus, par accident, les maitres de la France. Aussi longtemps qu'ils
luttaient pour la vie d'abord, pour le pouvoir ensuite,
ls avaient su se conduire et donner à l'opinion publique l'illusion d'un parti de discipline et de gouvernement. Mais le jour où le pouvoir a été leur chose,
où la France est devenue leur champ d'expérience et
leur jouet, ils ont cessé de se contenir, et ce génie in-
curablement brouillon, qui fait leur vitalité dans l'opposition et leur perte au pouvoir, s'est donné librement
carrière. Alors, ils sont apparus tels qu'ils sont : bornés, présomptueux, incapables, jaloux, violents, pro-
digues, extravagants; s'essayant à tout et ne réussis-
sant à rien. Ils nous ont fait un régime à leur image,
et ce régime est certainement la plaie la plus hideuse
à considérer, la plus cuisante à souffrir que la France
ait connue depuis le temps de la Ligue ou même la
guerre de Cent ans.

Certes, d'autres régimes ont commis des fautes plus

cruelles, attiré sur nous d'incomparables désastres. Ces accidents sont la loi commune : il n'y a pas de peuple éternellement heureux. Mais ce que nous reprochons aux nouveaux maîtres de la France, ce n'est pas de l'avoir rendue malheureuse ; c'est de l'avoir avilie ; c'est d'avoir fait descendre la politique si bas qu'elle ne rencontre plus à ce niveau que le mépris du monde et le dégoût des républicains eux-mêmes, de ceux-là du moins qui ont conservé le respect de leur doctrine et le culte de leur idéal.

Leur passage aux affaires n'a été qu'une longue effraction. Ils ne laissent derrière eux que des ruines, et des sottises encore plus grosses que leurs ruines. Pas une idée qui germe ou fleurisse ; pas une ambition qui soit féconde ou seulement avouable ; pas une loi bienfaisante, pas une œuvre qui mérite de vivre. Un instinct de domination purement bestiale ; le goût inné de l'oppression ; la domestication systématique de tous les pouvoirs ; la persécution contre tous ceux qui lui résistent ; le terrorisme par la délation et l'appel incessant aux passions d'en-bas ; les places offertes en curée aux politiciens marrons ; l'effondrement de tous les principes, de toutes les règles, de tous les droits ; le nivellement par la platitude et la tyrannie par l'abjection, voilà la fidèle image du régime présent. C'est à cette condition misérable que le jacobinisme a pu réduire la France de Louis XIV et de Napoléon !

Si nous étions seuls, nous réactionnaires, à dénoncer cette dégradation à la conscience française, le régime actuel n'aurait rien à redouter de son réveil. Mais il y a les trois quarts, au moins, des républicains, qui font leur partie dans ce concert de plaintes et d'indignation. Ils se plaignent pour d'autres causes, il est vrai, et leurs accusations ne visent pas les mêmes méfaits ; le malaise n'en est pas moins le même partout. Or, il n'est pas naturel qu'un peuple souffre et crie, sans appeler à l'aide. Ne cherchez pas plus loin le secret de ces ovations violentes qui sonnent comme une invocation à la force : elles sont un appel à la délivrance.

Je ne prétends pas que le général Boulanger les écoute ; je ne souhaite pas qu'il y réponde. Mais je ne puis me dispenser de les entendre et de les noter comme le symptôme du péril le plus pressant qui ait encore menacé la république légale.

On invoquera l'inviolable majesté des lois. Je sais tout ce qu'on en peut dire, et le peuple, édifié par une succession ininterrompue de révolutions et de coups d'État, sait aussi ce qu'il en doit croire. On dira, avec plus de raison peut-être, que le général Boulanger est trop honnête homme et trop sincère républicain

pour se prêter jamais à une tentative séditieuse contre
les institutions. Je n'y contredis pas. Il y a certainement des hommes qui ont résisté aux tentations, puisqu'on en a fait des saints. Aussi bien, ce n'est pas l'état
d'esprit du général Boulanger que j'étudie : c'est l'é-
tat du pays tout seul, et je dis qu'il faut être aveugle
et sourd pour ne pas s'apercevoir qu'à l'exception de
l'état-major des partis, le pays, dans sa soif enragée
de changement, donne au général qu'il acclame toute
liberté de choisir entre Brumaire et Fructidor.

20 juillet 1886.

LES COUPS D'ÉTAT

Il me semble qu'on a beaucoup déraisonné, depuis quinze jours, à propos de coups d'État. Il y a dans la susceptibilité qu'on a montrée, à droite comme à gauche, un sentiment bien peu philosophique des causes qui amènent ces accidents. Si l'on veut bien raisonner sur la matière, alors surtout qu'on le peut faire avec sang-froid, en face de ministres dont la conscience ne fut et ne sera jamais ouverte à ces ténébreux desseins, on reconnaîtra que le coup d'État n'est presque toujours qu'une fatalité, le dénouement inévitable d'un état de choses qui ne peut se résoudre par les voies légales, et qui doit pourtant cesser, et que les exhortations de ceux qui le conseillent ne peuvent le produire avant l'heure, pas plus que les anathèmes de ceux qui le dénoncent ne peuvent l'empêcher.

Les coups d'État n'ont jamais été et ne peuvent être que l'exécution des volontés impatientes du pays lui-même. C'est le pouvoir qui les accomplit,

mais c'est la conscience publique qui les commande.
Il y a pour les sociétés des conditions d'existence qu'on
ne peut fausser sans produire, à la longue, un état de
crise tellement général et tellement intense qu'on en
vient fatalement à chercher son salut dans la force,
quand c'est la légalité qui tue.

Au fond, le coup d'État nous est, malheureusement, trop familier pour nous inspirer une horreur qui soit sincère. Il est à l'origine de tous les régimes dont nous avons fait l'épreuve depuis un
siècle. Coup d'État, coup de main, révolution, c'est
toujours la même chose, et il n'est pas un parti
politique qui ne se recommande de ces origines illé-
gitimes. Les orléanistes ont la Révolution de 1830
sur leur écu ; les bonapartistes s'enorgueillissent du
18 Brumaire et du 2 Décembre; les républicains de
toute espèce non seulement ont paré leurs annales
des dates flamboyantes de 1792, de 1848 et de 1870,
mais ils proclament à l'envi que l'insurrection contre les régimes qui leur déplaisent est le plus saint
des devoirs.

Cette communauté d'origine est aussi un malheur
commun. Elle fait le vice de ceux qui sont au
pouvoir, et la haine de ceux qui l'assiégent. Il n'y a
vraiment de gouvernements stables et respectés que
ceux qui procèdent d'une tradition courante, inin-

terrompue, inviolée, que ses adeptes appellent le droit divin, et qui n'est, en somme, qu'un pacte incessamment renouvelé entre les générations qui se succèdent et la dynastie régnante. Je ne sais rien de plus exemplaire et de plus beau que le spectacle donné, le mois dernier, par l'Angleterre, à l'occasion du jubilé de la reine. Ce n'est pas la vieille et noble dame qui occupe le trône depuis cinquante ans que fêtait son peuple, mais la fonction nationale entre toutes qu'elle remplit, le legs dynastique qu'elle a reçu de ses aïeux et qu'elle doit transmettre à sa race ; c'est la couronne d'Angleterre, en un mot, qui n'est pas seulement l'emblème de la stabilité, mais encore et surtout la garantie effective de l'ordre, à travers les temps.

L'hérédité monarchique est le plus beau principe de gouvernement qu'ait encore consacré l'expérience des siècles. Il représente, dans le passé, la longue solidarité du peuple et de ses rois, le laborieux enfantement de la patrie commune. Ses attributs permanents sont l'unité et la stabilité des institutions, la transmission régulière et pacifique du pouvoir, la garantie continue de l'ordre, le progrès incessant des institutions, des idées et des mœurs, sous la garde d'une force qui ne change jamais. Partout où ce principe règne, il y a grandeur, sûreté, puissance et progrès ; partout où il cesse, il y a trouble, faiblesse, décadence et ruine finale. On peut regretter, à bon droit, que la France ait rompu avec ce principe puissant et fécond ; mais on ne peut faire que cette interruption n'ait pas porté sa conséquence, et cette conséquence, c'est le régime de l'accident.

Puisque tous les partis comptent une violence à leur origine, sans même excepter ceux qui se réclament de Hugues Capet, et se prévalent même de l'adhésion populaire qu'a rencontrée cette violence, il est assez naturel que la série ne paraisse pas close avec le régime actuel, et que ses adversaires de droite ou de gauche lui souhaitent la même fin qu'aux régimes dont il a pris la place. Brumaire et Fructidor sont des précédents qu'on peut toujours recommencer. Si c'est Fructidor, il est bien peu de républicains qui soient capables de rébellion contre le fait accompli. On proteste avant, et l'on applaudit après. Si c'est Brumaire, je me demande à quel titre et dans quel but les conservateurs pourraient bien s'indigner.

J'imagine qu'on ne prétend pas opposer au coup d'État, même éventuel, le respect dû aux institutions et à l'inviolable majesté des lois. C'est là un argument de rhétorique qui n'a plus de clients. Qu'est-ce que la légalité politique ? Un accident qui vaut juste autant que la faction triomphante, et qui dure autant qu'elle. Elle n'a d'autre principe que le succès du parti qui l'emporte et impose ses lois aux vaincus ; d'autre autorité que la mobilité complaisante d'un peuple qui ratifie avec le même empressement toutes les solutions et toutes les constitutions qu'on lui propose. Les lois ordinaires dérivent de principes supérieurs, permanents et immuables qui obligent la conscience, avant de contraindre la volonté. Mais quel est le principe qui m'oblige envers des institutions et des lois faites par mes ennemis politiques, et faites pour m'opprimer ? La tyrannie de la force uniquement. Dès que la force change de camp, les institutions et les lois deviennent caduques. Ce qui était auguste la veille devient méprisable ou factieux le lendemain, et la légalité nouvelle est tout juste aussi respectable que la légalité dissoute ; car elle est née du même accident et repose sur la même autorité. En d'autres termes, le coup d'État, comme la révolution n'est un crime que s'il échoue ; s'il réussit, c'est un acte de délivrance ou de salut.

Notez bien que je ne soutiens pas une thèse; je constate simplement un état de choses contre lequel la théorie ne peut rien. Il n'y a, en fait, d'institutions solides, respectables et respectées que celles qui donnent à peu près satisfaction au sentiment public.

Celles qui l'oppriment ou le révoltent n'ont aucun droit à la vie, et sont vouées, par conséquent, à la révolution ou au coup d'État. Ceci est proprement la pure doctrine révolutionnaire. Je sais bien que les républicains ne l'appliquent qu'aux monarchies. Mais qu'est-ce que cela fait aux lois de la fatalité ? Ce n'est pas parce qu'ils proclament la République inviolable qu'ils l'ont rendue indemne. Elle a les mêmes obligations que les autres gouvernements, et suivant qu'elle les remplit bien ou mal, elle en supporte toutes les chances.

C'est donc une simple comédie de s'indigner contre ce mot de coup d'État, qui défraie, depuis quinze jours, la polémique des partis. L'intérêt de la querelle n'est pas dans les propositions qu'on disait avoir été faites au général Boulanger, mais dans l'état des rapports de l'opinion publique et du gouvernement républicain. Tous les généraux de l'armée et tous les députés de la Droite seraient allés proposer au ministre de la guerre un coup d'État que leur démarche eût été vaine, si la République a l'opinion pour elle. Mais, d'autre part, il n'est pas nécessaire que personne provoque un coup d'État, si la république est assez délabrée, assez malfaisante et assez honnie pour le rendre inévitable. Le coup d'État est l'exutoire naturel du malaise, de l'irritation, du dégoût d'un

peuple qui veut, à tout prix, sortir d'une situation devenue intolérable, et qu'il ne peut corriger pacifiquement. Il éclate invinciblement lorsque l'exaspération
du peuple se combine avec la popularité d'un homme
dont il a fait, aveuglément peut-être, le porteur de
ses espérances et l'exécuteur de ses colères.

Doit-on croire que la République, il y a quelques
mois, fût mûre pour la dictature ? Pas un républicain n'en voudra convenir ; mais pas un non plus n'a
reconnu, depuis dix-sept ans, que la république qu'on
lui a faite répond à ce qu'il attendait d'elle. Eh bien,
la popularité si large et si prompte du général Boulanger a précisément grandi sur ces mécontente-
ments ; elle est surtout faite des ambitions qu'on lui
prête. Les esprits simples s'écriaient, avec un dé-
sespoir comique : « Mais qu'est-ce donc qu'il a fait ? »
Rien assurément ; mais on croyait qu'il ferait quelque
chose, et cette croyance impérieuse en eût fait, et en
fera peut-être un maître, si le général possède une
tête politique égale au rôle que l'engouement populaire lui a préparé.

2 août 1837.

POURQUOI ?

— Comment peut-on parler de coup d'État, lorsqu'on accepte le suffrage universel pour arbitre et pour maitre? Ce mot, qui est repréhensible dans la bouche de tout le monde, ne devrait jamais surtout se rencontrer sous la plume d'un écrivain qui se réclame de l'Appel au peuple. — C'est le *Temps* qui raisonne de la sorte, et plusieurs autres journaux sont venus après lui qui ont développé les mêmes objections. Je ne puis nier qu'ils aient pour eux l'apparence de la vérité. Il y a, en effet, une antinomie flagrante entre la République, qui est le gouvernement de tout le monde, et le coup d'Etat. On doit supposer que les pouvoirs publics sont la représentation sincère du suffrage universel qui les a choisis, les mandataires fidèles de ses sentiments, les exécuteurs autorisés de ses volontés. Ils personnifient, pour la durée de leur mandat, le pays lui-même, et comme il n'y a ni parti, ni groupe, ni individu qui puisse légitimement se substituer à lui, il s'ensuit que toute violence qu'on exerce ou qu'on médite contre la République est un crime.

Voilà la doctrine, et elle est inattaquable. Comment se fait-il pourtant que le fait soit en contradiction courante avec elle? Pourquoi ne voit-on que des mécontents dans tous les camps? Et pourquoi les mécontents traduisent-ils l'impatience qui les agite par une invocation tacite et parfois expresse à la force? Pourquoi trouve-t-on aujourd'hui huit Français sur dix dont toute la politique se résume dans ce vœu, d'ailleurs stérile : — Où donc est l'homme qui nous tirera de là? — On ne l'entend guère, parce qu'on s'abstient généralement de le proclamer tout haut. On ne le crie pas à la tribune, on ne l'écrit pas dans les journaux. Je l'ai fait, pour mon compte, parce que j'y voyais avantage, et l'effet obtenu a dépassé mon attente. Mais enfin, quelque discrétion qu'on mette à manifester ces aspirations subversives, il n'en est pas moins vrai qu'elles sont dans l'esprit du plus grand nombre, et que le pays, incapable de se donner un gouvernement qui lui convienne, attend un homme prédestiné qui le lui impose.

D'où vient ce divorce violent entre les aspirations réelles du pays et les institutions qu'il se donne? Pourquoi le suffrage universel, arbitre et maître des pouvoirs publics, attend-il d'autrui, c'est-à-dire d'un violateur des lois qu'il fait, le seul gouvernement qui réponde à ses idées et à ses intérêts? Pourquoi ne pense-t-on au coup d'Etat que sous la République qui est le gouvernement de tout le monde? Ah ! c'est que cette qualité est précisément celle qui lui manque le plus. La République n'est pas le gouvernement de tout le monde, ni même le gouvernement de la majorité. Elle est seulement la tyrannie de sectes variées qui se disputent le pouvoir et finissent par l'occuper tour à tour. Ces factions n'ont qu'un instinct commun, la haine de tout ce qui n'est pas elles, et comme leur politique s'alimente des passions les plus âpres et les plus basses de la nature humaine, on en peut hardiment conclure que jamais gouvernement n'a prêté davantage aux révoltes du reste de la nation.

Le parti républicain fût-il homogène, au lieu d'être morcelé à l'infini, comme il se montre, que son gouvernement n'en vaudrait pas beaucoup mieux. La conception qu'il a de l'Etat et de la politique d'Etat en ferait toujours un régime d'oppression. Tout républicain, sauf M. Henry Maret, est doublé d'un inquisiteur. Il se tient pour dépositaire de la vérité, et comme la vérité, suivant lui, ne peut composer avec l'erreur, il se donne mandat de l'étouffer. Admettez qu'il y ait dans un Parlement, une majorité com-

posée de républicains de cette espèce, et demandez-
vous ce qu'ils feraient de l'autorité dont ils sont léga-
lement investis. Ils feraient ce qu'ont fait les nôtres,
depuis dix ans, c'est-à-dire une politique de persécution contre tout ce qui ne leur ressemble pas.

C'est la loi, disent-ils. Oui, c'est la loi, si la loi n'est
que l'expression des passions qui animent les majorités ; mais ce n'est pas la justice. Or, la justice doit
être le principal souci, la règle unique des gouvernements égaux à leur mission. La loi des majorités,
appliquée comme le fait le parti républicain, est aussi
tyrannique et non moins odieuse que la loi d'un seul.
J'aimerais mieux, pour mon compte, être gouverné
par un brigadier de gendarmerie que par des républicains de profession, qui, parce qu'ils sont les élus
du suffrage universel, se prétendent autorisés par lui
à modeler la France entière sur leur patron. Il y a,
par exemple, dans la Chambre actuelle, quatre millions d'électeurs représentés par quatre cents députés
républicains, et trois millions cinq cent mille autres
par cent quatre-vingt députés conservateurs. Qui
oserait soutenir que ces quatre cents républicains,
parce qu'ils ont la majorité légale, ont le droit de
substituer leur conscience à la conscience du reste
de la nation, et de dire à d'autres milliers d'hommes
qui ont d'autres croyances, d'autres principes, une

autre culture et une autre éducation : — Vous pen-
serez comme nous, et vous croirez ce que nous
croyons ; vous inculquerez, bon gré mal gré, nos
idées à vos enfants, afin qu'ils deviennent semblables
à nous ! —

Les républicains ne font pas autre chose, et ils
croient justifier leur tyrannie en disant que nous
sommes, nous, les représentants de «l'obscurantisme»
et de la superstition, tandis qu'ils sont, eux, des gé-
nies de lumière et de vérité. Il nous reste, il est vrai,
le droit de leur renvoyer le compliment. Mais, qui
fera la preuve entre nous ? Devant la conscience,
toutes les personnalités sont égales, et l'idolâtrie du
roi Makoko vaut la négation de Littré. Je reconnais
à mon collègue M. Delhou, par exemple, qui est l'un
des laïcisateurs les plus forcenés de la Chambre, le
droit de se croire très supérieur à moi. Mais je le défie
de me persuader que je suis plus bête que lui. Quel
sera l'arbitre entre nous ? La liberté.

La liberté ! Mais c'est là précisément ce que la
République nous refuse. J'admire les républicains qui
nous disent : Mais les libertés, vous les avez toutes,
et jamais peuple ne fut plus libre que celui que la
République vous a fait. — Oui, nous avons la liberté
de parler et d'écrire, et nous en usons de façon à
laisser croire au monde que nous sommes une société

de pitres ou de crocheteurs. Mais ces libertés plus augustes et plus hautes, qui ont leur foyer dans la conscience, et pour lesquelles des générations de soldats ou de martyrs ont versé leur sang, la République nous les a ravies. Elle nous a ramenés au lendemain de la révocation de l'édit de Nantes ; elle fait de l'inquisition à rebours. Et ce n'est pas seulement la liberté de conscience qui est opprimée, c'est la liberté dans la vie domestique qui nous est mesurée. Les conservateurs ne sont pas des citoyens ayant mêmes titres et mêmes droits que les autres. Ce sont des vaincus qu'on traite en révoltés. Il n'y a pour eux ni paix, ni sécurité, ni justice. On les traque, on les inquiète, on les dépouille, on ne croit faire preuve de civisme républicain qu'en attisant contre eux une guerre de vexations et d'iniquités qui ne finit jamais. Voilà le lot d'une moitié de la France, et ce n'est pas miracle, en vérité, si elle cherche incessamment du regard l'homme qui la délivrera.

Le sort des autres n'est pas beaucoup meilleur. Ce ne sont pas des victimes, mais ce sont des dupes. Ils attendent des institutions qu'ils ont fondées, des pouvoirs publics qu'ils ont créés, une politique sérieuse et féconde, et on leur donne la comédie. Ils veulent un gouvernement, et on leur répond par des pantalonnades parlementaires. Aucun régime n'a infligé à son parti des déceptions aussi répétées et aussi cuisantes. La République, avant l'épreuve, était un mot magique qui gonflait les cœurs d'espérances, la formule idéale de tous ceux qui rêvaient le bonheur universel. Le rêve s'est éteint dans la plus misérable, la plus ridicule et la plus sotte des réalités. Il n'est pas de foi qui résiste à de pareilles déconvenues. Regardez le peuple de Paris. Il ne crie plus: vive la République! Il a changé de culte, et ses vivats cherchent un homme. Ce n'est plus que dans certains départements attardés que retentit encore ce cri ridicule et démodé. L'institution subsiste, mais la foi républicaine est morte, et c'est un immense appétit de césarisme qui a pris sa place.

Eh bien ! c'est dans cette atmosphère que s'élaborent les coups d'État et les dictatures. Je l'ai constaté, sans dire que je m'en réjouissais. Il y a, je le reconnais, de sérieuses raisons de s'inquiéter de ces mouvements d'opinion qui mènent à l'aventure, sans avoir pris mesure de l'homme qui la tentera. Mais comme il ne peut nous arriver rien de pire que le régime que nous subissons depuis dix ans, je ne fais rien pour résister au courant. Les esprits en sont venus à ce degré extrême de lassitude et d'impatience où l'on veut que cela change, de quelque façon que le changement s'accomplisse. J'ai beau peser le présent et

interroger l'avenir, rien ne m'interdit de partager ce
sentiment, et le *Temps* me permettra de lui dire que
les partisans de l'Appel au peuple sont moins fondés
que personne à protester contre ces aspirations libératrices, puisque la République a toujours décliné
cette consécration.

Si les républicains de profession ne s'aperçoivent
pas que leur République est en péril de mort, c'est
tant pis pour elle et tant pis pour eux ! Il n'y a rien à
faire contre un pareil aveuglement. S'ils voient le
danger, ils peuvent le conjurer encore. Mais le remède leur paraîtra dur. Il faut qu'ils renoncent à
traiter la République comme une exploitation de
famille, qu'ils l'ouvrent toute grande, qu'ils élargissent le cadre des institutions, qu'ils remplacent le
parlementarisme par la démocratie, qu'ils se désha-
bituent en même temps des bénéfices du pouvoir et
des jouissances de l'oppression, qu'ils fassent, en un
mot, de la République le gouvernement de tout le
monde. Il n'est, en vérité, qu'un moyen d'empêcher
qu'elle se dépeuple; c'est de la rendre habitable aux
honnêtes gens.

9 août 1887.

UNE DÉCHÉANCE

J'ai parlé, la semaine dernière, du ministère présent en termes cruels, qui me laissent sans remords,
mais non sans réflexion. L'autorité, en quelques mains
qu'elle tombe, est une tutelle commune ; il n'est pas
bon qu'elle soit discréditée. Mais le discrédit vient
beaucoup moins de ceux qui l'incriminent que de ceux
qui la détiennent. Quiconque occupe une fonction supérieure, dans la hiérarchie politique ou sociale, est
voué fatalement aux diatribes. Seulement, les diatribes
le fortifient et l'honorent, s'il honore lui-même sa
fonction ; elles l'avilissent, s'il est au dessous d'elle. Le
malheur des pouvoirs publics, dans le temps où nous
vivons, c'est de n'être égaux nulle part à leur rôle.
La République est essentiellement le régime de l'improvisation ; personne n'y prend ses degrés. Un coup
de fortune y donne ce qu'on méritait autrefois par de
longues années de service : la brigue électorale crée
les titres ; le charlatanisme de la tribune supplée aux
preuves. Il en résulte que personne n'est plus à sa

place, et que l'État, du haut en bas de la hiérarchie officielle, a l'air d'un carnaval qui dure.

Mais entre toutes ces déchéances, qui se traduisent par un avilissement simultané de l'autorité partout, il n'en est pas qui soit plus lamentable et plus complète que celle de ministre. On a connu, sous les régimes tombés, des ministres qui, certes, n'étaient pas des aigles ; mais ils bénéficiaient, au moins, du prestige professionnel qui s'attachait à leur fonction, et leur qualité publique n'en souffrait pas. Rappelez-vous ce que valait ce titre autrefois, et comparez cette vivante image du pouvoir aux caricatures que la République fait maintenant passer sous nos yeux. Je ne me demande plus ce qu'elle fait de ses ministres, mais comment elle peut en trouver encore !

Quel peut être l'état moral d'un ministre de la République, dans les circonstances que nous traversons? Il me semble que ce métier de ministre est devenu la dernière des positions sociales, et que Jérôme Paturot lui-même ne s'y serait pas arrêté ! qu'un casseur de pierres, un cocher d'omnibus, un nègre déchiré par le fouet du planteur ont une destinée luxuriante, à côté de celle qui est faite à ces infortunés! Leur troupe ahurie et comme parquée dans un coin maudit de la République sert de cible vivante à tous les partis. On les menace, on les injurie, on les transperce, on les assomme, on les salit du matin au soir : cela ressemble à la curée d'un soir·de chasse, et la curée dure toujours !

Pas un bras qui se lève pour les défendre, pas une voix qui les soutienne ou les console ; le cabinet n'a que des accusateurs et des ennemis. La presse tout entière, de l'extrême droite à l'extrême gauche, n'est qu'un concert ininterrompu d'ironies féroces, de menaces, d'insolences ou d'imprécations. Ce gouvernement d'opinion a obtenu ce merveilleux résultat d'avoir tout le monde contre lui. Et ce n'est pas une particularité qui distingue le cabinet actuel. Le sort de ces ministres qu'on dépèce vivants est l'histoire des ministres qui les ont précédés, et l'horoscope des ministres qui leur succèderont. Comment se trouve-t-il des gens assez abandonnés de Dieu et des hommes pour faire un pareil métier ?

La vanité la plus épaisse et la plus complaisante n'y trouve même pas son compte. La qualité de ministre portait autrefois avec elle un suprême prestige, et ce titre seul, abstraction faite des œuvres, suffisait à l'illustration d'une famille. Mais la République a changé cela. Elle a fait descendre la politique officielle en des régions subalternes et mal hantées où les honnêtes gens dédaignent communément de s'égarer. La démocratie révolutionnaire qui lui prête son esprit, sa physionomie et ses façons, n'a pas besoin d'interdire l'accès de son domaine aux esprits distingués et fiers. L'ostracisme est volontaire de leur part ; ils se sont retirés sur le mont sacré, et regardent de très haut le carnaval qui se démène à leurs pieds.

Le pis est que l'opinion publique, à droite comme à gauche, ne juge pas autrement cette pépinière de ministres qu'on appelle le Parlement. Interrogez indifféremment qui vous voudrez dans les ateliers ou dans les salons, sur le compte des Chambres, républicains et conservateurs ne répondront que par un rire injurieux ou par des huées. C'est en vain que les partis et les groupes accusent leurs divisions en se déchirant à l'envi ; le public, désormais insensible à ces querelles, les met d'accord en les couchant ensemble sur le même lit de mépris.

C'est un fait digne de remarque que jamais l'opposition libérale ou démocratique ne traita les Chambres aristocratiques de la Restauration, les Chambres bourgeoises de la monarchie de Juillet ou le Corps législatif de l'Empire avec l'irrévérence grossière que les républicains de nos jours témoignent pour leur propre représentation.

Qu'un réactionnaire la déchire à belles dents, et qu'un républicain renvoie ces méchants propos à l'opposition monarchique, il n'y a là qu'un phénomène banal

qui accuse simplement nos discordes courantes, sans
que cela tire à conséquence. La politique n'est pas une
école de justice et de mesure, et il y a beau temps que
nous avons pris l'habitude de traiter en gibier de po-
tence les gens dont le seul tort est de ne point penser
comme nous. Mais ce qui est vraiment nouveau et tout-
à-fait particulier à l'essai loyal qui se poursuit entre
les différentes fractions de la majorité, c'est de voir
le peu d'estime que ces républicains de poil divers professent les uns pour les autres, et la sincérité d'expression qu'ils mettent à traduire les sentiments dont ils
s'honorent mutuellement.

Que voulez-vous que pense un auditeur naïf qui
prend à la lettre tout ce qu'il entend dire, et croit que
ces gens se jugent d'autant plus sûrement qu'ils se sont
plus étroitement pratiqués? C'est pourtant dans ce
milieu hurlant et diffamé que s'élaborent les fortunes
ministérielles; c'est communément avec les plus fla-
gellés que l'on fait des ministres, parce qu'ils sont le
plus en vue. Et les ministres éclos dans cet enfer,
portés sur les épaules de leurs compagnons d'épreuve,
sont obligés encore de leur complaire, pour se maintenir! On devine ce que pèse le ministre d'un pareil
régime, dans l'estime du monde, et l'on ne doit pas
s'étonner qu'il ait tout juste autant de gloire qu'un
frotteur.

Nous le demandons sérieusement à ceux qui observent la République et le personnel républicain, depuis
deux ou trois ans, et nous leur demandons de répondre en toute sincérité : N'est-il pas vrai que ce régime res_
semble à une Cour des miracles où les maladies, au
lieu de frapper les membres, auraient affligé l'esprit ? Les députés, les sénateurs et les ministres ne
sont-ils pas les aveugles, les manchots, les bancals,
les culs-de-jatte, les épileptiques de la politique ? Et
vit-on jamais, dans le gouvernement d'un peuple, pareille collection d'infirmités ? Ce n'est pas nous seulement, leurs critiques et leurs juges, qui les estimons
tels ; ils parlent ainsi d'eux-mêmes, et chaque groupe
porte tout haut le même jugement sur son voisin !
Faut-il s'étonner, après cela, que la France commence à se reconnaître et refuse de se plier plus longtemps à la tyrannie carnavalesque des francs-mitous ?

Considérez leur œuvre : vous ne trouverez partout
que méfaits, vexations, abus, scandales, dangers, sottises et difformités. Et ce n'est pas nous, encore une
fois, qui le disons ; nous nous contentons de recueillir
les aveux qui leur échappent. Qu'on lise, par exemple, le projet de budget de M. Léon Say : on y trouvera la confession la plus lamentable que ministre des
finances ait jamais faite : c'est que le déficit monte
toujours, et que la marée montante des appétits

républicains menace d'engloutir à court terme le crédit et la fortune de la France. Ecoutez M. Gambetta : il vous dira que la politique timorée, tâtonnante, ahurie de M. de Freycinet compromet l'honneur et les intérêts de la France, dans le monde entier ; à quoi M. de Freycinet répond que la politique extravagante de M. Gambetta nous menait droit aux plus dangereuses complications, aux pires aventures, et ils ont tous deux raison ! Interrogez les radicaux, ils vous diront que tout, dans la politique gouvernementale, n'est que mollesse, ineptie, avortement, contradiction et turlupinades ; prêtez l'oreille aux propos des modérés, vous entendrez que le gouvernement de la République est soumis à une sorte d'intoxication chronique qui lui donne l'allure tour à tour abrutie et déréglée d'un ivrogne. L'officier dira qu'il n'y a plus d'éducation militaire, et, partant, plus d'armée ; le magistrat, qu'il n'y a plus de droit, et bientôt plus de juges ; le prêtre, que la religion n'est plus respectée, lorsque l'État fait profession d'athéisme ; le haut fonctionnaire, qu'il n'y a plus en administration, ni direction, ni règle ; le petit fonctionnaire, qu'il n'y pas plus d'avancement, le népotisme ayant tout envahi. Tous se plaignent, tous s'accusent, tous s'accordent à reconnaître que le régime qu'ils nous font est le plus détestable, le plus ridicule et le plus onéreux régime que la France

se soit jamais donné. Les électeurs commencent à
s'en rendre compte et ce n'est pas miracle, en vérité,
si, jugeant la République par les propos de ceux qui
l'habitent, ils la tiennent pour une caverne !

Les partis hostiles à la République se réjouissent de
cette déconsidération. Il y a peut-être plus de passion
que de jugement dans la satisfaction qu'ils en témoignent. L'avilissement de l'autorité est un péril social,
et nous en faisons cruellement l'épreuve. Du haut en
bas de la hiérarchie gouvernementale, tous les représentants du pouvoir sont voués au même mépris, frappés du même discrédit. Un maire de village fait à peu
près le même cas du préfet que de son garde-champêtre.
C'est un affaissement simultané de toutes les fonctions
par l'inaptitude ou l'indignité de ceux qui les occupent. Mais à cet affaissement correspond le soulève-
ment graduel, et de plus en plus menaçant, des factions et des sectes coalisées contre l'ordre commun
que ces fonctions devraient protéger.

Il y a, dans l'ordre politique comme dans l'ordre
moral, une lutte éternelle entre le bien et le mal, entre l'autorité et l'anarchie, et l'anarchie ne prévaut
que contre les régimes dont le personnel discrédité n'a
plus ni qualité ni force pour les défendre.

Voilà le secret des progrès du socialisme, et voilà
pourquoi la société commence à s'émouvoir de ses

audaces. Il n'y a plus d'autorité qui lui résiste. Les ministres ne sont plus que des simulacres ou des fantoches, et ces fantoches n'ont eux-mêmes ni préfets ni juges. Il y a une décomposition générale de l'État qui prépare une décomposition de la société. Si Hamlet vivait de nos jours, il ne se contenterait plus de dire : « Il y a quelque chose de pourri dans le royaume de Danemark. » Il dirait, en regardant de notre côté : — Tout est pourriture !

12 avril 1882.

RÉPUBLIQUE ET DIPLOMATIE

Il y a quelques années, M. Challemel-Lacour, alors
ministre des affaires étrangères, que M. le duc de
Broglie interrogeait, au Sénat, sur l'isolement de la
France, répondait avec un orgueil de mendiant espa-
gnol : — « Nous ne recherchons pas d'intimités ;
nous ne sollicitons pas d'alliances ! » — Il aurait pu
ajouter avec la même assurance que son peuple ne
réclamait de lui aucun éclaircissement. Il y a quinze
ans déjà que nos soucis ne passent plus la frontière,
et que, résignés à notre effacement dans le monde,
nous avons perdu l'habitude de regarder ce que les
autres y font. Ce parti-pris d'indifférence aux choses
du dehors est un signe de déchéance : il déclasse un
peuple. Chez les nations éprises de grandeur et jalouses de leur rayonnement dans le monde, la politique
extérieure absorbe presque entièrement l'attention
publique. Elle est, en quelque sorte, la conscience de
la patrie. C'est surtout en elle que les citoyens d'un
même pays se sentent solidaires des mêmes destinées,

et participent tous, du petit au grand, aux mêmes aspirations, aux mêmes joies et aux mêmes douleurs. La France d'autrefois a connu plus que toute autre nation ces nobles soucis, et ce temps n'est pas tellement éloigné que la France d'aujourd'hui ne s'en puisse souvenir. Mais il semble qu'en perdant sa primauté dans le monde, elle ait en même temps perdu l'ambition de la reconquérir. Nous vivons de nos querelles ; nous dépensons en conflits subalternes, en ambitions populacières, toute notre activité politique, et les exploits dont rêvent nos hommes d'État ne vont ni plus loin ni plus haut qu'à mettre quelques curés de village au pain sec !

C'est, d'ailleurs, une question de savoir si la politique extérieure est compatible avec l'état républicain ; l'expérience qui se poursuit depuis quinze ans semble l'avoir résolue négativement. Les républicains ne l'avouent pas. L'orgueil de parti se révolte en eux contre toute infériorité, et ils font ce qu'ils peuvent pour en masquer l'affront. Ils ont conservé tout le décor diplomatique des monarchies auxquelles ils succèdent. Ils occupent la place traditionnelle de la France dans les Congrès et dans les Conférences, et, à ne considérer que les apparences, on pourrait croire que notre pays a gardé non seulement son rang, mais son crédit dans le concert des puissances. L'op-

portunisme a fait plus : aux théories pacifiques et
casanières de certains républicains qui ne deman-
daient qu'à vivre tranquillement à leur foyer, fenêtres et portes closes, par dédain des autres et par
crainte aussi des aventures, il a prétendu substituer
une politique d'action. Gambetta, qui avait un vif
sentiment de la grandeur française, fut le père et le
maître de cette dynastie dont M. Jules Ferry a mis
depuis en œuvre la turbulence et les ambitions. Les
républicains de cette école sont hantés par la vision
du passé ; ils ont la nostalgie des grandeurs monarchiques ; ils n'admettent pas que la France républicaine se ravale aux humbles et tranquilles destinées
de la Suisse ; de là ce besoin de paraître, de parler et
d'agir, qui est le trait dominant de l'opportunisme ;
de là ce goût des aventures qu'on lui a si justement
reproché, et qui n'est qu'une fièvre d'orgueil inassouvi ;
de là cet éparpillement d'efforts en tous sens qui a
pour objet de rendre au monde l'illusion de la puissance française, et qui témoigne seulement des alté-
rations de son esprit, de sa force et de son génie.

Il y a, sans doute, une inspiration généreuse au fond
de ces entreprises mal conçues, mal conduites et
pleines de mécomptes, dans ce constant souci de reconquérir la situation perdue, ou d'en compenser les
déchets par des aventures retentissantes. Mais il ne

suffit pas de nier sa déchéance, pour y remédier ; il
ne suffit pas de déguiser sa misère sous la pompe des
mots et la boursouflure des actes pour forcer l'estime
du monde et lui donner la foi. Chaque peuple vaut ce
que valent ses institutions, ses mœurs et les hommes
qui le gouvernent, et son rôle dans le monde est exactement proportionné à sa vertu. Or, c'est une cause
irrémédiable de faiblesse que l'état républicain, et
cette cause première de dépérissement se superposant
à tant d'autres vices, la République a fatalement
perdu ses titres au rôle et à l'influence que Gambetta
et son école ont revendiqués pour elle.

La politique extérieure, pour être féconde, exige
certaines conditions de forme et de durée que le gouvernement républicain ne peut constitutionnellement
remplir. Elle est surtout l'œuvre du temps. Les conceptions peuvent s'improviser ; les résultats ne s'ob-
tiennent que par la durée. Une idée a parfois besoin
du concours de plusieurs générations pour devenir un
fait. Il faut que l'homme d'Etat qui l'a conçue et qui
veille à son triomphe, la guide à travers les événements, l'impose à son gouvernement et à son peuple,
fasse d'elle la loi de tout un règne, l'aspiration de
toute une époque, rapporte toutes choses à son succès, dirige toutes les forces dont il dispose vers un
seul but, prépare enfin par un long et constant souci le

dénouement pacifique ou violent qui consacre l'entreprise et lui assure la possession. Comment veut-on que ces desseins à longue échéance s'accommodent de la mobilité républicaine? Le propre de la République, c'est le renouvellement incessant de ses pouvoirs, et cette instabilité constitutionnelle est encore multipliée par les accidents parlementaires. Il est peu de cabinets qui durent une année, et, à chaque révolution ministérielle, c'est un programme nouveau qui s'essaie. C'est trop peu de dire qu'un pareil système exclut l'unité de direction et la suite dans les idées. La vérité est que cette succession indéfinie de ministères et de programmes qui se culbutent les uns les autres est précisément l'antithèse de la diplomatie et la négation de tout gouvernement.

A cette mobilité que l'on doit tenir pour incurable, parce qu'elle est l'essence du gouvernement républicain, s'ajoutent d'autres infirmités qui ne sont pas moins funestes à la politique extérieure du régime actuel. C'est l'antipathie naturelle et forcée qui naît de sa qualité même et s'impose aux gouvernements monarchiques. Il ne me convient pas de faire intervenir l'étranger dans nos querelles, et je ne rapporterai pas, pour les besoins de ma cause, les instructions fameuses de M. de Bismarck à son ambassadeur, M. d'Arnim. Mais je ne dis rien, sans doute, qu'on ne sache et qu'on ne sente, en rappelant qu'il y a incompatibilité de principes et d'humeur entre la république et les monarchies. Il se rencontre sur les trônes des dynasties dont la politique est parfois ennemie. Mais toutes participent du même principe, et ce principe commun crée entre elles une solidarité de famille qui les oblige réciproquement. La solidarité monarchique peut être, à l'occasion, une garantie d'assurance mutuelle et de mutuelle protection. La République est, au contraire, la négation de tout cela.

Sans doute, la République de nos jours, guérie de sa fièvre éruptive, s'abstient fort sagement de faire de la propagande révolutionnaire par dessus les frontières, et depuis que Victor Hugo est mort, il n'y a plus que les enfants perdus du parti qui boivent, dans les banquets anniversaires, à la République universelle, aux États-Unis d'Europe Mais si la parole se tait, l'exemple parle. La République n'est, en somme, que la formule de la révolution victorieuse. Pacifique ou tumultueuse, et, qu'elle le veuille ou non, elle est un foyer de contagion révolutionnaire, un appel incessant à l'émancipation des peuples et au renversement des trônes. Il est possible que l'état républicain soit le dernier mot, le terme fatal de l'évolution démocratique qui se poursuit aujourd'hui partout,

Mais, en attendant que leurs destins s'accomplissent, on conçoit que ceux qui ont encore une couronne sur la tête ne se montrent pas très empressés à courir au devant de la contagion. Croit-on sérieusement que la politique extérieure soit d'une pratique facile et féconde dans ces conditions? Elle consiste surtout dans les combinaisons latentes, dans les desseins à longue échéance, et le ciment des alliances qu'elle noue est la confiance réciproque des alliés, la foi dans leur durée. Quel gouvernement monarchique a jamais fait ou pourra jamais faire avec la République un contrat à terme? Et quel ministère républicain se croit assez sûr de vivre pour disposer du lendemain?

Non! Si nous nous condamnons à vivre en république, il faut accepter les fatalités de ce régime. Aussi bien le parti politique sur lequel il repose lui a fait des mœurs qui mesurent exactement ses destinées. C'est une multitude plutôt qu'une nation, égoïste, avide, vouée tout entière à l'exploitation de sa victoire, ayant plus d'appétit que d'idéal, et fort dédaigneuse, à ce titre, des immortelles chimères auxquelles sacrifiait la France d'autrefois. Ce parti vit chez lui et ne s'intéresse pas au dehors; il courtise le pouvoir et non la gloire, et la seule vertu qu'il réclame de ses gouvernants, c'est de lui ressembler. Aussi Gambetta faisait-il le plus chimérique des rêves en appelant la république à exercer son influence au dehors et à reprendre son rang parmi les nations. Le prestige était un hochet monarchique, le lot des forts, et c'est un héritage que la république a répudié.

Cependant la France, qui n'a pu plier encore son orgueil de race aux fatalités de sa nouvelle condition, la France 'que la République n'a pas rassasiée, ni la défaite avilie, se contemple douloureusement, sans se reconnaître, dans son lamentable et périlleux isolement. Elle songe à ce qu'elle fut, et s'étonne de ne plus se ressembler. Les éblouissantes visions de son passé la troublent et l'appellent, et l'on sent à des signes certains qu'elle voudrait les revivre. Elle est comme un oiseau blessé qui bat la terre de ses ailes et tente en vain de reconquérir les airs. Elle a souffert et régné tour à tour, et dans cette série de gloire et d'infortune, de conquêtes et de revers, d'écrasements suivis de résurrections triomphantes, elle n'avait pas encore aperçu qu'elle pouvait perdre sa primauté séculaire, et qu'une autre occcuperait sa place. Quelle qu'ait été sa fortune, à travers les siècles, rien de grand ne s'était accompli dans le monde sans qu'elle y eût laissé sa marque. Et maintenant !...

26 février 1886.

CORRUPTION IMPÉRIALE

Il est permis de penser que nos gouvernants auraient étouffé le scandale qui défraye, depuis dix jours, la curiosité du monde, s'ils avaient pu mesurer d'avance la portée des éclaboussures ; et c'eût été vraiment dommage. Non pas que les hontes qu'on étale soient un spectacle réconfortant pour personne. Il n'y a que l'étranger haineux et jaloux qui s'en réjouisse. Tout le monde, en France, à quelque parti qu'on se rattache, n'y trouve qu'une cause égale d'indignation et de douleur. Mais il fallait que la pourriture qui ronge et dissout la République, la vilenie des mœurs qu'elle entretient, les hontes et les méfaits qu'elle couvre fussent dénoncés avec éclat ; il fallait que le mal d'argent, qui est la lèpre du régime actuel, apparût à tous les regards, afin que le peuple de France, dupe et victime de ce brocantage énorme, apprit enfin à connaître de quel vice il se meurt, et quel remède il doit prendre, s'il veut vivre.

Quelques républicains avisés sont allés tout de

suite au devant de cet examen, et n'ont eu garde
d'en tirer des conséquences désobligeantes pour eux-
mêmes. — « Ce Caffarel ! ont-ils dit, il n'y a rien de
surprenant dans son affaire : c'était un bonapartiste ! » — L'opinion politique du général Caffarel est
assurément le côté le moins intéressant de son aventure. On ne risque rien à croire que le choix d'une
cocarde était le moins pressant de ses soucis, et qu'au
point où il en était, il eût négocié ses préférences à
meilleur compte encore que les décorations dont il se
faisait le courtier. Enfin, si cela vous arrange qu'il
soit bonapartiste, à votre aise ! Mais les autres ? Bonapartiste, M. d'Andlau ? Bonapartiste, M. Wilson ?
Bonapartiste, la Limousin, et toute cette basse pègre
de l'intrigue que le même coup de filet a retirée des
eaux troubles où ils pêchaient ensemble ? Regardez
un peu plus loin. N'apercevez-vous pas dans le conseil municipal quelques fleurs d'austérité qui n'ont
point été, ce me semble, semées par l'Empire, et ne
se sont épanouies que sur un fumier radicalement
républicain ?

— D'accord ! poursuit-on ; mais ce sont tout de
même des produits de la corruption impériale !...
Un journal allemand a fait cette découverte, et ceux
qui goûtent ce genre de politique n'ont eu garde de
la laisser perdre. Suivez bien ce raisonnement, lequel

est des plus forts, comme dit Gros-René : — La République, en succédant à l'Empire, n'a pu se préserver des germes infectieux qu'il avait inoculés au
pays, et c'est ainsi qu'elle souffre des vices d'autrui.
Les plaies qu'elle étale sont assurément hideuses ;
mais ce n'est point son mal à elle ; c'est le mal de
l'Empire !... — Cette consultation est ingénieuse ;
mais elle ne laisse pas d'être inquiétante pour la
santé morale de ceux qui l'accueillent. Car eux aussi
viennent de l'Empire ; ils ont subi son contact corrupteur, et qui sait s'ils ne sentent pas confusément
s'agiter au fond de leur être quelque Caffarel inédit
qui n'attend que l'occasion propice pour se produire ?

La corruption de l'Empire est une de ces banalités
courantes qu'on accueille, par habitude, sans en contrôler jamais la valeur. Les républicains qui nous ré-
génèrent n'ont pas la bouche assez grande pour stig-
matiser la corruption impériale, et les politiciens les
plus tarés ont, lorsqu'ils en parlent, des moues de
mépris tout à fait adorables. Ces grimaces de vieux
singes constituent, avec les principes de 1792, toute
la pacotille du parti républicain. Cela se débite
avantageusement aux populations naïves, comme de
la verroterie aux nègres. Rien n'est si commode que
de leur enseigner que la concussion, la vénalité, la

prévarication, sont des vices d'Empire. Seulement, comment se fait-il que ces pratiques infâmes n'aient jamais produit le moindre scandale sous l'Empire, et qu'elles ne se révèlent que quinze ans après sa chute ?

Il est assez indifférent aujourd'hui de savoir si l'Empire fut un régime de corruption ou une école d'austérité. Les partis politiques ne sont ni solidaires ni responsables du passé. Les royalistes ne se réclament pas de Louis XV, et les républicains n'ont pas encore entrepris de réhabiliter Barras. De même, lorsque les bonapartistes souhaitent le rétablissement de l'Empire, c'est beaucoup moins dans son histoire que dans ses institutions et dans l'autorité particulière qui en émane qu'ils placent les raisons de leurs préférences. Si l'opinion des citoyens ne devait être déterminée que par la critique historique, il faudrait répudier en bloc tous les régimes passés, parce que le mal tient à peu près autant de place que le bien dans l'œuvre qu'ils ont laissée. Il y a notamment dans l'histoire du premier et du second empire une gloire infinie et des désastres incomparables, d'inestimables bienfaits et d'inexpiables fautes ; mais le reproche de corruption, dans le sens où on l'entend aujourd'hui, est peut-être la moins méritée des accusations qu'on puisse relever contre lui.

Si l'on veut dire que l'époque du second Empire ne
fut guère qu'une longue fête, que la société qu'il gouvernait était toute à la joie, comme dit la chanson,
que le règne de Napoléon III correspond à un épanouissement de bien-être, à une fièvre de plaisirs, à
un appétit de jouissances, bref, à une sorte d'étour-
dissement universel, qui entraînait tout le monde, la
cour et la ville, dans le même tourbillon, il n'y a pas
à le contester. Mais bien que ce phénomène ne se rencontre qu'à d'assez rares intervalles dans l'histoire,
il n'est pas unique. On le retrouve précisément aux
époques les plus brillantes, et celles-là mêmes dont
on célèbre classiquement la gloire sont aussi celles
qui ont sacrifié le plus étourdiment à la dissipation.

Dites corruption, si vous voulez. Mais, à qui vous
en prendrez-vous? Lorsqu'une société se trouve
en pleine prospérité, en pleine fortune, en pleine
confiance et en plein éclat, que rien ne l'assombrit
ou ne la trouble, que tout, au contraire, l'invite à
jouir des biens présents, sans que rien autour d'elle
rappelle les mauvais souvenirs de la veille ou justifie
le souci du lendemain, il arrive nécessairement que
cette exubérance de richesse, de contentement et de
vie se dépense en plaisirs. On s'est dépensé trop vite
et trop fort; mais que pouvait-on y faire? L'Empire
eût voulu s'opposer à cet enivrement qu'il n'y fût

point parvenu. A vrai dire, il n'y songea guère. Il menait gaiement la danse, et son plus grand tort fut de se griser lui-même de cette ivresse, sans songer assez aux échéances de l'avenir. Cela peut s'appeler, à bon droit, de l'imprévoyance et de la frivolité. Mais si terribles qu'en aient été les conséquences pour nous et pour lui, il n'y a rien pourtant en tout cela qui ressemble aux plaies qu'étale le régime actuel.

L'abandon des mœurs, que les moralistes de la République peuvent flétrir aussi durement qu'il leur plaira, n'entraînait pas la corruption des consciences. L'administration impériale fut rigoureusement et universellement intègre, et les ministres qui la gouvernaient ont porté dans les affaires une probité si haute que le soupçon ne les a pas même effleurés. Ces assertions jurent étrangement sans doute avec la réputation qu'on a faite à l'Empire. Mais il faut que les accusations se précisent et prennent corps, si l'on veut qu'elles portent. A qui s'adressent-elles ? Les ministres d'alors s'appelaient Rouher, Billault, Delangle, Baroche, Magne, Béhic, Thouvenel, Drouyn de Lhuys, de Forcade, Chasseloup-Laubat, Duruy, Niel, Rigault de Genouilly, etc. Je cite les plus connus; je pourrais dire les plus illustres, ceux qui ont occupé le plus longuement le pouvoir, et qui donnent au gouvernement qu'ils ont servi sa véritable physionomie dans l'opinion publique et dans l'histoire. On peut citer les autres sans que cette physionomie s'en trouve altérée. Quel est, parmi ces ministres de l'Empire, celui dont on ait jamais accusé les actes ou soupçonné la conduite ? Prenez un annuaire de cette époque, et citez-moi le nom d'un seul fonctionnaire vénal, concussionnaire ou prévaricateur ? Allez de ville en ville, interrogez les populations sur le compte des magistrats et des administrateurs qu'elles ont pu voir et juger à l'œuvre, et dites-nous ceux qu'on accuse de corruption professionnelle ?

On nomme, à vrai dire, un personnage illustre et brillant entre tous, qui occupait, sous l'Empire, une situation privilégiée, et il est communément admis, bien que ces accusations n'aient jamais été vérifiées, qu'il compromit son crédit et la fortune même de la France dans des spéculations blâmables. Je n'en sais rien, mais je l'accorde. Il est le seul qu'on cite, et c'est lui qui a donné sa marque au régime impérial ! Adjoignez-lui, si vous voulez, deux ou trois bourreaux d'argent, qu'on nomme avec lui, bien qu'ils n'aient jamais disposé de la puissance administrative ou politique, quelle conséquence exacte pouvez-vous en tirer ? Il n'y eut jamais de règne, il n'y eut jamais d'époque qui n'ait eu ses verrues ; mais lorsque ces

verrues font seulement tache sur l'ensemble, au lieu
de le couvrir, on peut hardiment affirmer que le gouvernement fut probe et que son œuvre mérite d'être
honorée.

Et c'est là précisément ce qui distingue l'histoire
d'hier de l'histoire d'aujourd'hui. Pourquoi le gouvernement et l'administration de l'Empire, abstraction faite des fautes commises, furent-ils irréprocha-
bles ? Parce qu'au lieu d'être une bohème improvisée
et subitement portée au pouvoir par un caprice de la
fortune, ils provenaient d'un long et sévère noviciat.
Ses ministres, ses fonctionnaires, ses magistrats ne
sortaient pas de dessous les pavés. Ils venaient à peu
près tous du régime précédent. L'Empire, au lieu
de faire des fonctions publiques une curée, les avait
laissées presque toutes aux mains de ceux qui les oc-
cupaient, sans exiger d'eux d'autres titres que la
correction administrative et l'aptitude professionnelle. Il n'appelait généralement aux premières charges de l'État que ceux qui avaient régulièrement
franchi tous les degrés de la carrière. On y par-
venait rarement et lentement; mais la sécurité du
fonctionnaire compensait les lenteurs de l'avancement.

Comparez ces pratiques avec ce qui se passe aujourd'hui. Ici nulle règle, nul stage, nulle transition

entre la misère de la veille et la fortune du lendemain. Il suffit d'une intrigue de couloirs, d'une combinaison de groupes, ou simplement d'un coup de
gueule lancé à propos pour que tout député devienne
ministre à son tour. Puis ce ministre d'aventure
traîne après lui une bande de clients faméliques
qui demandent une fonction en paiement de leurs
services, et la fonction leur est toujours donnée. L'é-
puration continue n'a pas d'autre objet. Cherchez
dans les différentes administrations d'où viennent
ceux qui occupent les premiers postes. Ce sont tous
ou presque tous des favoris de la politique; ils ont
passé sur le corps des malheureux qui se morfondent
dans les fonctions obscures, faute de patron parlementaire qui les mette en lumière. Mais tout ce monde
a conscience de la fragilité de sa fortune : il se sent
exposé à descendre aussi vite qu'il s'est élevé. Alors
on capitonne l'avenir avec l'abondance du présent.
On fait argent de tout, et voilà comment le pot-de-
vin, devenu souverain, se trouve avoir tant de sujets.

C'est, à vrai dire, la faute du système, plutôt que
le vice du parti. Il y a, dans le parti républicain,
comme dans tous les autres, une immense majorité
d'honnêtes gens qui ne s'indignent pas moins que
nous de ces scandales. Ils n'en sont pas moins respon-

sables des pratiques qui les produisent. Ils ont fait de leur République une boutique, et ils s'étonnent que tout s'y vende. Ils s'effarouchent à la nouvelle que le général Caffarel a négocié ses bons offices pour l'octroi de décorations dont il ne disposait pas, et ils crient haro sur le soldat entremetteur. C'est bien. Mais que ne cherchent-ils à peser les titres de ceux qui les ont obtenues, et les raisons de ceux qui les ont données ? Que ne songent-ils à contrôler les marchés d'État et les opérations latérales dont ils sont l'occasion ? Le général Boulanger racontait naguère qu'il avait appris au ministère de la guerre de bien autres scandales que ceux qui sont reprochés au général Caffarel. Il a eu tort de ne pas les dénoncer, s'il était à même de le faire ; mais il n'a rien dit, en somme, qu'on ne répétât partout. On a si bien conscience de ce brocantage universel qu'on ne peut plus présenter à la Chambre un projet engageant le Trésor, sans qu'on le soupçonne de cacher un pot-de-vin.

Il y aurait, du moins, une consolation à cet avilissement, si les scandales qu'il provoque devaient hâter l'heure du nettoyage. On peut l'espérer, à voir l'intensité du dégoût qui s'est révélé dans toutes les classes de la société. Nous avons, à peu près tous, le pressentiment que de graves événements approchent qui vont transformer violemment notre état politique et notre destinée : une histoire comme celle-là, avec les ramifications malpropres qu'elle a découvertes, n'est pas faite pour y contredire. Ce n'est généralement que dans la décrépitude imbécile ou pourrie des régi-mes près de leur fin qu'éclatent de pareilles vilenies. Fasse Dieu que l'avenir qui vient nous apporte, au moins, une réparation égale à nos épreuves ! Après tout, ce sont les terres les plus fumées qui portent les plus belles moissons. Si le champ de la politique obéissait à la même loi, quel prodigieux lendemain de gloire et de vertu nous serait réservé !

12 octobre 1887.

RESPONSABILITÉS

Il semble que la République ait enfin réalisé cette constitution idéale qui fut jadis promulguée par M. Rochefort. — Article unique : Il n'y a plus rien ! — Il n'y a plus, en effet, ni gouvernement, ni parlement, ni administration, ni police, ni pouvoir, ni droit, ni règle. Tout cela se résout en une sorte de liquéfaction boueuse qui n'a plus aucune forme et ne comporte aucun nom. C'est proprement le gouvernement du rien.

D'où vient cela ? Du régime parlementaire d'abord qui n'est par lui-même qu'une dissolution systématique de l'autorité. Il est aisé de comprendre qu'un régime où le pouvoir exécutif, au lieu d'être un gouvernement, au sens traditionnel du mot, n'est que l'exécuteur domestique des volontés, des passions ou des caprices de groupes bigarrés qui ne sont eux-mêmes que les commissionnaires des comités ou des coteries qui les élisent, ne puisse avoir ni crédit, ni vertu. Je n'ai jamais compris, pour ma part, qu'un homme politique, pour peu qu'il serve des idées et non des appétits, consente à faire ce métier misérable qui est la plus humiliante et la plus dure des domesticités. On en trouve toujours, néanmoins, parce que la vanité humaine est infinie, et que, si bas que l'on descende, on n'en touche jamais le fond. Mais ces malheureux ravalent le pouvoir au niveau des pires servitudes. Comme ils vivent à la petite semaine, il leur faut payer à un taux usuraire le crédit qu'on leur accorde. Il leur faut plaire pour vivre, et pour plaire, il est nécessaire de sacrifier aux sollicitations qui les assaillent le gouvernement, l'administration, l'État dont ils ont la garde. Ils rendent en faveurs ce qu'ils reçoivent en aumônes ; le favoritisme règne et la corruption, la vénalité, la fraude lui font cortège.

Dans les sociétés aristocratiques, comme l'est encore l'Angleterre, le régime parlementaire offre de moindres inconvénients, parce que la grosse fortune des élus les défend généralement contre la recherche des petits profits. Les hommes se ressemblant partout, il n'y a pas de raison pour que l'État anglais soit absolument pur de scandales. Mais on ne s'y heurtera nulle part à ce brocantage subalterne que la République étale en ce moment. Il faut ajouter qu'on n'y décore personne, et que les emplois publics y sont rares, ce qui ne laisse pas de rétrécir sensi-

blement le champ des spéculations malpropres. Mais
dans une démocratie, née subitement et récemment
à la vie politique, investie par un coup de baguette
de la souveraineté absolue, et dressée par ses meneurs à ne voir dans l'Etat qu'une proie qui lui appartient, le parlementarisme est simplement une halle
où tout se vend ou s'achète. Fonctions et faveurs sont
la monnaie courante du parti triomphant. La République, a dit l'un de ses maîtres, ce sont les places !
On voit alors surgir de bas-fonds ignorés et se ruer
dans la politique tout un peuple aux dents longues,
qui dépèce l'État avec la gloutonnerie sauvage de
chiens à l'hallali. Et les intrigants, les aigrefins, les
écumeurs, les courtiers-marrons, les entremetteuses
pullulent là-dessus comme les vers sur un charnier.

A ces causes générales de décomposition qui sont
la fatalité du régime parlementaire sont venues s'a-
jouter, dans l'espèce présente, les causes accessoires
qui dérivent de l'infériorité intellectuelle et morale
du gouvernement actuel. Le scandale qu'on a fort
improprement appelé l'affaire Caffarel, est, dans son
principe et dans ses effets, un véritable crime contre
la patrie. Si le ministère, en provoquant cet éclat,
avait eu pour objet de saisir M. Wilson et la bande
interlope qui grouillait autour de lui, afin de purifier
le gouvernement des pratiques criminelles qu'il y

avait introduites, il n'y aurait pas assez d'éloges pour
le glorifier. Mais l'affaire Wilson, qui est le vrai nom
de ce procès, n'est qu'une conséquence inattendue de
son initiative, et le cabinet qui l'a inconsciemment
soulevée en paraît le plus marri. Il semble, à n'en
plus douter, qu'il n'ait eu en vue que la satisfaction
d'une rancune domestique, et, pour y parvenir, il n'a
pas craint d'infliger à l'armée cet inexpiable affront
d'envoyer l'un de ses chefs sur les bancs de la police
correctionnelle !

Je ne suis pas de ceux qui trouvent le général
Caffarel innocent, parce que le procès public a réduit
presque à rien les charges qu'on avait, au premier
moment, relevées contre lui. Ce n'est ni un traître,
ni un escroc ; mais c'est un besoigneux de conscience
opaque et de caractère avachi dont des besoins criants
d'argent avaient sensiblement altéré le sens moral.
Un homme d'honneur n'use pas des compromissions
et des pratiques auxquelles il s'était adonné. Il y avait
assez de tare dans son affaire pour qu'on le mît en
réforme ; il y en avait trop peu pour qu'on l'envoyât
en police correctionnelle, alors surtout qu'on devait
savoir qu'un pareil procès ferait la joie de nos ennemis du dehors et la consternation de l'armée française.

La guerre devrait être aujourd'hui l'unique souci

de tous les partis. Elle nous apparaît à tous comme l'inéluctable fatalité de demain. Et quelle guerre ! La plus redoutable que la France ait jamais soutenue, puisque nous y jouerons l'existence même de la nation. Ce n'est pas trop, sans doute, du concours de tous pour préparer l'armée à cette terrible épreuve, pour la faire forte, confiante, unie, égale à sa tâche et digne enfin de la cause sacrée pour laquelle elle devra combattre. Cette armée, nous la possédions. Une âme nouvelle lui était née, toute vibrante des souvenirs d'hier et des espérances de demain, et l'on pouvait croire à la certitude de la victoire, pour peu qu'à cette renaissance de ses vertus militaires s'ajoutât la confiance dans le commandement. Et c'est l'heure que vous avez choisie pour étaler vos dissentiments, pour faire crever vos rancunes, pour enseigner à cette armée toute neuve, qui vous regarde et vous écoute, qu'il y a des concussionnaires et des traîtres au ministère de la guerre, pour apprendre à ces pauvres soldats le cri des imbéciles et des lâches : — Nous sommes vendus ! — Voilà le crime de ceux qui ont provoqué ce scandale sur le nom du général Caffarel, et les misérables mobiles auxquels ils ont obéi l'aggravent au lieu de l'atténuer.

Admettons, si l'on veut, qu'il n'y ait là qu'une inconséquence et non pas un calcul. Au moins fallait-il la racheter en réprimant avec une implacable rigueur les méfaits qu'elle avait découverts. Il est un homme qui a fait du palais de l'Elysée un repaire où toutes les pirateries de notre temps viennent aboutir. Il fallait le saisir, sans attendre une heure, et lui faire son procès, sans permettre qu'aucune considération politique, de si haut qu'elle vînt, fît obstacle au cours de la justice. On a mis la main sur les comparses ; mais on a laissé le chef de bande en liberté. Bien plus, on a mis le parquet, la police et le gouvernement à son service, et c'est avec leurs complaisances, si ce n'est avec leur complicité, qu'il a préparé sa défense ! Il y a dans les témoignages recueillis et dans les pièces produites aux débats assez de chefs de prévention pour envoyer vingt fois un homme à Mazas. Cependant M. Wilson est toujours libre, et il dédaigne même de se rendre aux citations du juge d'instruction. Il y a à la préfecture de police, au parquet et jusque dans le prétoire, des fonctionnaires et des magistrats qui, pour leurs incorrections ou leur mollesse, devaient être immédiatement révoqués. Ils ont conservé leurs rôles : ils continuent paisiblement d'informer, et le gouvernement qui mène cette grossière comédie ne s'avise pas de l'effroyable tempête de colère et de mépris qu'il amasse dans l'âme du peuple !

Ni les gouvernements, ni les partis ne sont respon-

sables des crimes ou des vices de ceux qui leur appartiennent, à condition toutefois qu'ils en fassent prompte et bonne justice. La solidarité commence à l'heure juste où ils commencent à les couvrir. M. Rouvier nous disait l'autre jour, en combattant l'enquête :
— « Prenez garde ! Si vous donnez à ces histoires un pareil retentissement, on dira : Ce sont les scandales de la République ! » — On le dit, en effet, et on le dira de plus en plus haut. Mais il dépendait de son gouvernement qu'on ne le dît pas. Il fallait punir au lieu d'absoudre. Par cela même que la République parlementaire et démocratique, à raison de ses origines, de ses mœurs et de son instabilité, est plus exposée qu'un autre gouvernement à la prévarication, elle a plus qu'un autre aussi le devoir d'être implacable dans la répression. Elle s'honore en frappant juste, et elle se salit en voulant étouffer les méfaits ou les hontes qu'elle devrait punir.

Il y a dans l'Évangile une sentence qui dit quelque chose comme ceci : — Si ton œil ou ta jambe sont pour toi une cause de scandale, arrache l'œil et coupe la jambe. — Les associations politiques ou religieuses qui pratiquent cette justice contre elles-mêmes ne peuvent être atteintes par aucun scandale, parce qu'elles coupent le membre qui l'a causé. Celles qui la tournent ou cherchent à l'esquiver se font toujours désho-

norer. Ce n'est point la faute de la République, par
exemple, si M. Wilson a prévariqué. Mais c'est assurément sa faute si la prévarication est encore im-
punie. Et c'est précisément cette impunité voulue,
cette inertie étudiée de la police, du parquet et du
gouvernement qui constitue, pour l'opinion publique, l'association et la solidarité. Le scandale passe
ainsi de l'un à l'autre, et les salit ensemble.

15 novembre 1887

AH ! QUEL MALHEUR !...

Ce cri lamentable des camelots me paraît être le mot
de la situation. Quel malheur de n'avoir ni hommes,
ni institutions, ni lois, ni mœurs,. ni cœur, ni conscience, ni rien enfin de ce qui fait la force des sociétés et l'honneur des peuples ! Notre histoire est pleine
d'accidents. La France a connu toutes les extrémités
de la fortune heureuse ou adverse. Elle a été tour à
tour la plus magnifique et la plus éprouvée des nations ; à ses plus orgueilleux triomphes correspondent
des deuils inouïs. Mais jamais encore elle n'était tom-
bée à cet état de misère ignominieuse où nous la voyons
en ce moment. Car il y a quelque chose de plus affli-
geant que le malheur ; c'est la honte, c'est cette déli-
quescence de l'être moral qui n'a plus ni regard, ni
pensée pour rien. La France est anesthésiée. Ce peuple autrefois si prompt aux révoltes généreuses ou
folles, maintenant saoûl de mépris, dort d'un som-
meil de brute sur le lit malpropre que la République
lui a fait.

Vous semble-t-il, après cela, que M. le président
Grévy ait si grand tort de se cramponner à sa présidence ? On l'en blâme généralement, et ses amis de la
veille ne laissent pas de trouver qu'il donne un spectacle pénible et démoralisant. Sans doute, la conduite
qu'il tient n'est pas héroïque, et si jamais les moralistes
républicains composent une morale en action, tirée
de leurs propres annales, ils feront bien de chercher
ailleurs des modèles de désintéressement. Mais croyez
qu'il a ses raisons. Les républiques ont les présidents
qu'elles méritent ; on ferait le tour de la nôtre avant
de trouver un républicain qui soit plus que M. Grévy
adéquat au régime qu'il préside. La connaissance qu'il
a de lui-même et des autres l'a dès longtemps convaincu que n'ayant pas d'égal, il ne peut avoir de rem-
plaçant. Je ne suis pas éloigné de penser comme lui.

A parler franc, ce n'est pas sans une certaine satisfaction que j'avais vu jeter bas cette vieille idole de
l'austérité républicaine. C'est dans ces révolutions su-
bites qu'on apprend à savoir ce que valent au juste
les symboles les plus authentiques des vertus civiques.
Encensé pendant dix ans comme l'incarnation la plus
haute, la plus intègre et la plus auguste de la République, M. Grévy s'est trouvé n'être plus, du jour au lendemain, qu'un vieux cormoran, rapace, vénal, cynique, mis au pilori tous les matins par les gazettes

républicaines et montré au peuple entre Cartouche et
Shylock ! Ces choses là font toujours plaisir à voir.
Elles sont la consolation des dupes et la revanche des
vaincus.

Les républicains croient venger la morale publique
en faisant expier à ce bonhomme le déchet qu'il inflige à leur vertu. Ils le chassent avec ignominie du
poste d'honneur où ils l'avaient hissé. Mais le bonhomme
se rebiffe, et il a raison. Il a raison non seulement devant la Constitution qui l'a fait inviolable et incoerci-
ble ; mais il a raison devant les républicains qui ont
été ses complices avant de devenir ses juges. Car s'il
est indigne, son indignité n'était pas une tare ignorée.
Ils la connaissaient avant de l'élire ; ils savaient que
M. Grévy couvrait de son intégrité conventionnelle
l'agence interlope que son gendre tenait à l'Élysée.
Ils savaient le concours que le président de la République prêtait à ce bazar universel où l'on vendait de
tout : des croix, des grâces, des places, des privilèges,
des signatures, des adjudications et autres marchan-
dises d'État. Ils savaient que ce personnage honoré de
leurs hommages s'était entremis dans des procès malpropres, et qu'il avait empoché, pour prix de ses services, des bénéfices aussi inavouables que ces services
eux-mêmes. C'est en connaissance de cause qu'ils l'a-
vaient élevé à la première place, et lorsque leur pu-

deur subitement insurgée le somme d'en descendre,
il a bien quelque droit d'en rire. Il sait ce quelle vaut.

L'opinion publique le sait aussi, et c'est pour cela
qu'elle résiste obstinément aux excitations qu'on lui
adresse. On menace tous les matins M. Grévy de la
colère du peuple, parce qu'il met trop peu d'empressement à consentir le sacrifice qui lui est demandé.
Mais le peuple ne manifeste aucune envie de se mettre
en colère. Entre la Chambre, qui prétend chasser le
chef d'Etat brouillé depuis quinze jours avec la vertu,
et le tenace et madré vieillard qui s'accroche au pouvoir avec des mains d'avare, il n'a point de préférence. Berné, dupé, grugé par les uns et par les autres, il s'est fait une provision de mépris qui lui
permet d'assister impassible à ces turlupinades. S'il
était capable de ces colères vivifiantes et de ces révoltes libératrices qui le transportaient autrefois, c'est le
régime tout entier qu'il devrait effondrer. Mais, comme
l'a dit Gambetta, les temps héroïques sont passés, et
le peuple d'aujourd'hui a plus de blague que de sang.
Ce duel extravagant l'amuse, et l'intérêt comique
qu'il y trouve n'est pas la moindre chance de M.
Grévy; s'il pouvait dépasser l'échéance de jeudi, il
aurait les rieurs pour lui, et ne s'en irait plus.

Peu nous chaut, à nous qui ne l'avons pas
nommé, qu'il s'en aille ou qu'il reste. Nous n'aperce-

vons aucun intérêt patriotique dans ces conflits de
personnes ou de partis. Il en serait autrement s'il
nous était permis de voir au delà de cette présidence
déshonorée une restauration des principes de gouvernement que les Chambres républicaines ont dé-
truits tour à tour, et dont M. Grévy a sanctionné la
déchéance. Mais il n'y a là que des compétiteurs politiques, des hommes dont la candidature est l'esprit,
l'ambition, l'appétit d'une coterie, et qui ne porte-
ront à la première magistrature de l'Etat que les passions jalouses du parti triomphant. Quelle satisfaction voulez-vous qu'on attende de chefs d'Etat qui
s'appelleront demain Freycinet, Floquet ou Ferry?
Ils n'ont pas de gendre, il est vrai, et l'on peut espérer qu'avec eux l'agence de l'Élysée sera du moins
fermée. C'est un avantage qui a son prix, sans doute ;
mais après? Quelle est la ruine politique, sociale ou
religieuse, consommée par la République depuis dix
ans, à laquelle il n'aient participé? Et quel est, de ces
trois favoris du concours présidentiel celui qui nous
apporte la promesse ou seulement l'espérance d'une
réparation? Ceux qui s'intéressent à leurs candidatures
peuvent noter entre eux certaines différences d'esprit,
de caractère et de tempérament qui détermineront
leur choix. C'est leur affaire, mais ce n'est pas la
mienne. Je ne puis ni ne veux voter pour aucun

d'eux, et cela me dispense de discuter leurs titres.

Si le patriotisme, ou pour parler plus exactement, si la conscience exacte des intérêts de la patrie n'était oblitérée, dans l'esprit du parti républicain, sans acception de nuances, ce n'est pas d'un partisan politique qu'il eût fait choix pour la présidence de la République, mais d'un candidat vraiment national, d'un homme qui, par l'autorité de son caractère et les habitudes de son esprit, pourrait être un arbitre entre les partis. C'est déjà trop pour la paix intérieure et notre crédit au dehors que la politique nous divise en factions à peu près irréconciliables. Mais si le rapprochement est pour longtemps encore impossible, entre gens qui ne veulent rien se céder et ne peuvent pas se comprendre, au moins serait-il opportun de porter à la première magistrature de l'État un président qui fût uniquement la représentation de notre commun partriotisme, et devînt, par sa neutralité même, un instrument de concorde et de pacification. C'est un crime contre l'unité française, que de n'y vouloir porter qu'un homme de parti et ce crime sera l'œuvre de demain.

Mais quel malheur, en vérité, que ce peuple de France, comblé de tous les dons, manque précisément de celui qui peut seul les mettre en œuvre, de l'esprit de gouvernement! Il n'a aucune idée contrôlée et

réfléchie des réalités de la politique. Des mots, des
sons, des images, des billevesées, des chimères, des
imaginations saugrenues, des préventions folles et
des engouements imbéciles, voilà ce qui le mène.
Ceux qu'il charge de penser ou de gouverner pour
lui sont façonnés à son image : ils bourdonnent
comme des mouches et se conduisent comme des han-
netons. Cela peut passer pour un divertissement aux
temps prospères ; mais aux jours d'épreuve, c'est un
péril de mort. La conscience se fausse, le patriotisme s'éparpille en efforts divergents, le courage et
la force se dépensent en querelles, l'unité se disloque,
le crédit s'en va, la richesse s'évapore et l'honneur
s'éteint. Au dehors, ceux qui nous aiment et ceux qui
nous haïssent n'ont plus pour nous qu'un regard de
pitié douloureuse ou méprisante ; au dedans, les plus
fermes perdent jusqu'à l'espérance. Il n'y a plus place
que pour la honte.

> *Eheu ! cicatricum et sceleris pudet*
> *Fratrumque !....*

29 novembre 1887.

L'AMIRAL JAURÉGUIBERRY

On vient d'enterrer un homme qui fut le type le plus accompli du soldat et du citoyen, l'incarnation vivante des vertus publiques et privées qui sont l'honneur des peuples et l'exemple des sociétés, l'amiral Jauréguiberry. Il est mort sans bruit, et ses funérailles ont passé sans éclat. Aussi bien, modeste dans la mort autant qu'il fut simple dans la vie, avait-il décliné les honneurs funéraires auxquels il avait droit. La plupart des journaux, dans des articles nécrologiques d'une banalité parfaite, lui ont adressé l'adieu de circonstance que reçoit en trépassant tout personnage officiel, et l'opinion publique, attentive à d'autres distractions, n'a pas seulement pris garde à l'événement. Ce glorieux serviteur de la France n'était pas de ceux qui traînent la foule sur leurs pas ; il n'y avait aucune affinité entre la populace et lui. Ce n'était que le devoir, la discipline, l'honneur, l'héroïsme, l'abnégation, l'intégrité qui passaient dans son cercueil. Il est de mode encore de saluer ces choses-là, lorsqu'on les rencontre ; mais elles n'attirent personne aux fenêtres.

Cette indifférence du peuple et de ceux qui enseignent le peuple pour la mort d'un homme placé par son caractère et par sa vie au premier rang de ceux qui ont le mieux servi et le plus honoré leur pays n'est pas seulement un mauvais exemple ; c'est le signe d'une altération profonde de la conscience nationale, la révélation d'un état moral qui équivaut presque à une trahison tacite de la patrie ; car c'est faillir au patriotisme que de ne savoir ni reconnaître ni pleurer les vertus qui le font vivre. Qu'un favori de la politique ou du théâtre vienne à s'aliter demain, c'est Paris tout entier, haletant d'angoisse ou de curiosité, qui demandera de ses nouvelles, et, s'il vient à mourir, il y aura cent mille hommes à son convoi. Qu'on apprenne demain matin, au réveil, que M. de Hérédia, M. Dautresme ou tel autre pauvre diable de leur espèce est mort dans la nuit, on fera de ce fait-divers un événement public, et peut-être lui votera-t-on des funérailles nationales. On les a bien votées au ministre Ricard, qui était de leur taille et possédait les mêmes titres au deuil de la nation. Personne n'a songé, que je sache, à rendre le même hommage à l'amiral Jauréguiberry, avant de savoir qu'il avait refusé toute manifestation officielle autour de ses obsèques.

Et pourtant il n'est pas un acte de la vie publique de cet homme qui ne fût un titre à la reconnaissance de la nation, pas une page de sa vie qui ne reste un exemple et une leçon. Ni la politique ni la faveur n'eurent aucune part à sa fortune : le devoir seul l'a porté. Il était entré dans la marine sans recommandation d'aucune sorte, et la lenteur de son avancement témoigne assez qu'il n'attendait rien des autres. A quarante ans, il était encore lieutenant de vaisseau. Il eût végété, sans doute, dans les grades inférieurs si l'occasion n'était venue le prendre par la main pour le conduire au péril et à la renommée. La guerre de Crimée mit subitement en lumière son intrépidité dans le combat et son autorité dans le commandement. Alors les grades et les honneurs lui vinrent ; mais chacun d'eux fut le prix d'un service ou d'une action d'éclat. A partir de ce jour, sa carrière navale est une campagne indéfinie. En Chine, il est aux côtés de Palikao, et tel est le respect qu'il inspire que pas un homme de son régiment ne rompt l'alignement, pendant que les troupes alliées brûlent et pillent le Palais d'été. En Cochinchine, il est le lieutenant le plus héroïque de Rigault de Genouilly et de Charner. Il se bat tous les jours. C'est lui qu'on charge des expéditions les plus hasardeuses, certain qu'il n'est rien au-dessus de sa conscience et de sa solidité. Il ne revient en France que pour réclamer un commandement à la mer. Il lui faut manier un navire, essayer les constructions nouvelles, tremper à sa rude école les équipages qu'il commande, servir enfin, servir toujours, au lieu de jouir d'un repos glorieusement mérité.

Quand vint la guerre de 1870, il commandait une aile de la flotte chargée d'opérer sur les côtes de Prusse. Las d'un blocus inutile, il demande un service à terre. On lui confie le commandement du 16e corps, et ce marin transformé subitement en général d'armée, déploie les plus rares vertus militaires dont l'histoire ait jamais fait mention. Oh ! le courage est facile, lorsque la gloire l'accompagne. Les héros légendaires nous apparaissent d'ordinaire dans le rayonnement de la victoire, et nous n'admirons guère que les soldats heureux. Mais que dire de ceux qui furent des héros dans la défaite ? Quelle louange sera jamais égale à la vaillance du soldat qui combat obscurément contre la fortune ennemie et oppose à ses coups un front d'airain ? Cette vertu inflexible fut celle de l'amiral Jauréguiberry; pour en retrouver l'égale dans notre histoire militaire, il faut remonter jusqu'au maréchal Davout. Encore Davout commandait-il à de vieilles troupes dont l'âme avait été dès longtemps forgée par ses mains. L'amiral n'avait que des troupes neuves, disparates, mal équipées, mal encadrées, inférieures à l'effort incessant qu'il leur fallait soutenir, et conscientes, hélas ! de son inutilité. Mais il leur avait soufflé son âme indomptable, et ces soldats improvisés se trouvaient sous son regard dignes de lui.

La retraite de l'armée de la Loire a justement honoré les talents militaires et la ténacité de Chanzy. Il a prouvé là qu'avec une véritable armée, composée de soldats exercés et non point de recrues mobilisées à la hâte, il eût pu changer le sort de la campagne et refouler l'invasion. Et, soit dit en passant, il y a, dans cette épreuve, un enseignement que les novateurs d'aujourd'hui, partisans du service court et des armées nombreuses, feraient sagement de méditer. Mais si Chanzy garde devant l'histoire l'honneur de cette campagne désespérée, c'est l'amiral Jauréguiberry qui fut l'âme de la résistance, et Chanzy, aussi juste qu'il fut grand, ne lui en marchandait pas l'hommage. On ne vit jamais pareille activité militaire mariée à un héroïsme plus égal ; jamais plus grand cœur de patriote et de soldat n'abrita plus d'ardeur et de vertu, sous les dehors de son impassible et superbe sérénité.

Plus tard, la renommée qu'il avait conquise le fit
appeler à la tête de la marine. Il fut deux fois ministre, en un temps où les ministres de ce caractère
trouvaient encore accès dans le gouvernement républicain. Comme ce n'était ni un politique, ni un halluciné, il fit sans bruit d'excellente besogne. Il savait
défendre, devant les Chambres, ses œuvres et son
personnel avec cette autorité tranquille et pourtant
souveraine qu'il avait montrée sur les champs de
bataille : on n'y résistait pas. Sa parole était simple,
facile et douce, une parole sans accent et sans effort,
que sa probité toute seule élevait parfois jusqu'à
l'éloquence. Il parlait presque avec autant d'aisance
que M. de Freycinet, dont il fut le collègue. Mais le
débit et la physionomie trahissaient vite la différence de leur inspiration. Il y avait de l'un à l'autre
toute la distance qu'on peut mesurer du plus roué
des sophistes au plus simple et au plus droit des
honnêtes gens.

C'est la marine qui trempe et façonne de pareils
hommes. Ses fortes traditions résistent à la contagion
révolutionnaire qui a déformé ou pourri tant d'institutions. L'armée elle-même est atteinte ; la marine
reste intacte. Elle est toujours une école de respect,
de discipline, d'abnégation, de sacrifice et de foi.
Elle maintient surtout, dans sa rigueur féconde, ce

grand principe de la hiérarchie, qui n'est pas seulement la sauvegarde de tous les pouvoirs, mais la
condition même de la grandeur des peuples et de
l'ordre dans les sociétés. Elle enseigne à obéir avant
qu'on ne songe à commander. Puis, à l'éducation
professionnelle s'ajoute la rude expérience de là
mer. La vie du marin est une épreuve de tous les
instants. Les spectacles grandioses qu'il a sous les
yeux élargissent son âme à l'infini ; le péril incessant
qu'il affronte affermit son cœur jusqu'à faire de l'héroïsme l'état habituel de son âme ; le commandement qu'il exerce le façonne à l'autorité. C'est pour
cela que la marine est si riche en hommes d'élite : à
leurs qualités natives se superpose une hauteur morale qui est le fruit de la profession. Ils furent tous
grands au jour de l'épreuve, et si, depuis dix-sept ans,
quelque reflet de notre ancienne gloire a brillé sur
nos ruines, c'est d'eux seuls qu'il nous est venu. La
Roncière, Pierre, Courbet, Jauréguiberry furent des
hommes hors de pair qui eussent honoré les époques
les plus éclatantes de notre histoire. Ceux-là sont
morts, mais la marine est toujours féconde, et si quelque chose nous console de les avoir perdus, c'est qu'ils
nous ont laissé de dignes héritiers.

On peut dire et croire que la France ne fut pas in-
grate envers l'amiral Jauréguiberry. Il est mort

après avoir été vice-amiral, sénateur, ministro et grand-croix de la Légion d'honneur. Ces titres, dont deux au moins ne sont pas vulgaires, représentent à peu près toutes les satisfactions publiques auxquelles l'ambition d'un homme peut prétendre. Il en est une autre pourtant qu'il n'a jamais enviée, sans doute, mais à laquelle il convenait mieux qu'un autre, et c'est un dommage public qu'il ne l'ait pas occupée. Quelques journaux, escomptant naguère la retraite, d'ailleurs improbable de M. Grévy, plaçaient l'amiral au premier rang de ceux qui pouvaient être appelés à lui succéder. Personne, assurément, n'en eût été plus digne ; mais il eût été meilleur d'y penser plus tôt. N'eût-il pas suffi que ce soldat intègre et glorieux, sans reproche comme il fut sans peur, occupât la première magistrature de l'État, pour que la République prît devant le monde une physionomie plus décente, et que tant d'humiliations et de tristesses nous fussent épargnées? Au moins n'eût-il pas cohabité avec M. Wilson, et la France, pour son crédit au dehors, pour son honneur au dedans, ne connaîtrait pas ces scandales retentissants dont les éclaboussures ont sali les degrés du siège présidentiel.

Mais puisque M. Grévy paraît suffisamment répondre à ce que la République attend de ses chefs d'État,

puisqu'il nous plaît de laisser cette enseigne dédorée à
la tête d'un peuple qui eut pour souverains Louis XIV
et Napoléon, l'amiral a bien fait de mourir. Il n'avait
rien à prétendre en ces temps déshonorés.

23 octobre 1881.

M. SADI CARNOT

Le public, qui avait mis neuf ans à connaître M. Grévy, resté généralement ébahi devant le nom de son
successeur. Le nouveau président de la République
n'est point de ces politiques à panache qui ont fati-
gué les trompettes de la renommée avant de toucher,
sous forme de bénéfices d'État, le prix de leur gloire.
C'est par un point d'interrogation qu'on répond, à
peu près partout, à la nouvelle de son avènement. —
Sadi Carnot ? Qu'est-ce que c'est que cet homme-là ?
— Sadi Carnot, bonnes gens, c'est un prix de vertu !
Rien de plus ; mais, par le temps qui court, ce n'est
pas peu de chose. On l'a élevé à la première place
parce que ce n'est pas un coquin, et qu'on a l'espérance solide qu'il ne le deviendra pas. *Et nunc erudimini !* Voilà les belles et salutaires leçons que la
République donne à son peuple !

Ne me dites pas que la vertu n'est pas devenue tellement exceptionnelle qu'elle dispense un homme
public des qualités éclatantes qui désignent, d'ordi-

naire, un chef d'État à l'acclamation populaire. C'est
affaire de temps et de milieu. Dans l'Eldorado que
découvrit Voltaire, les gamins jouaient au bouchon
avec des palets d'or. C'est avec de l'or qu'on pavait
les routes, et comme il abondait autant que les cail-
loux chez nous, il n'avait pas plus de prix. Chez une
société d'honnêtes gens, la vertu toute seule ne met-
trait personne en relief dans l'estime commune. Mais
sous un régime où la prévarication, la concussion, la
vénalité et la faveur font généralement cortège au
pouvoir, la probité professionnelle met tout de suite
un homme hors de pair et le pousse au premier rang.
On a bien vu tout le prix que les républicains attachent à cette vertu par la triple salve d'applaudisse-
ments qui éclata sur leurs bancs, lorsque M. Rouvier
révéla que M. Sadi Carnot, ministre des finances,
avait refusé de restituer à un industriel en guanos,
familier de l'Elysée, une somme de soixante-quinze
mille francs, légitimement perçue par le Trésor. Cela
passe couramment pour un trait d'héroïsme aujour-
d'hui. et l'élection de M. Sadi Carnot n'a point d'autre origine.

Il fallait une manifestation de ce caractère pour
effacer le tort que l'ancien président venait de faire à
la bonne renommée de la République. On sait, en
effet, que la probité, l'austérité, l'intégrité, le désin-

téressement, l'abnégation et le patriotisme en sabots sont des vertus d'essence républicaine. Les noms dont on les appelle constituent, au moins, la langue politique du parti, et les esprits candides croient, à les entendre incessamment répéter, que la République repose toujours sur les nobles assises proclamées par Montesquieu. Pendant près d'un demi-siècle, M. Grévy fut le vivant symbole de ces vertus de famille. Malheureusement, le gendre industrieux qu'il s'était donné avait fait du symbole respecté une enseigne à sa boutique, et l'on s'aperçut en même temps que le président lui-même s'accommodait fort bien du rôle de caissier. On l'a précipité du pouvoir pour avoir compromis aussi témérairement son pontificat, et M. Sadi Carnot y monte pour faire refleurir les vertus que son prédécesseur avait profanées.

Au demeurant, le nouveau président de la République est un homme de physionomie modeste, d'opinions modérées et de conduite correcte, qui n'a point de vices et ne fait pas de bruit. Il est tout en demi-teintes, et l'on comprend que l'effervescence populaire, qui commençait à gronder par les rues, se soit calmée tout à coup, dès qu'on a connu son élection. Il n'inspire à personne ni haine délirante ni sympathie passionnée, et, fût-on frénétique, il est impossible de manifester sur son nom. Il est fort honnête homme, voilà tout, et si cette seule vertu doit suffire au président de la République, on peut-être assuré qu'il tiendra fort décemment son rôle, et fera même tout ce qu'il pourra pour que ses ministres prennent exemple sur lui :

Virtutis veræ custos rigidusque satelles.

Je ne sais quel journal a dit qu'il n'était pas « hilare ». Il est vrai qu'il est de complexion plutôt mélancolique et qu'il a l'aspect attristant. Mais l'austérité républicaine nous a, dès longtemps, habitués à ces figures de carême-prenant. Elle a toujours eu l'air de mener le convoi de la gaieté, ce qui donnerait à croire qu'elle est moins une vertu d'élection qu'une infirmité physiologique qui dilate le foie et comprime la rate. Les concurrents de M. Sadi Carnot ne portaient pas au pouvoir une mine beaucoup plus réjouie, et l'on doit, en somme, s'estimer heureux de n'être pas tombé sur M. Brisson, qui est purement macabre.

Il reste à savoir quelle influence le nouveau président de la République peut exercer sur la conduite du parti républicain. La bienvenue qu'on lui souhaite est pleine de promesses. Pas un cri discordant ne se mêlé aux compliments dont on l'accable. M. Déroulède se déclare ravi d'avoir fait échouer la candida-

ture de M. Jules Ferry ; les amis de M. Jules Ferry se
félicitent aussi sincèrement d'avoir empêché l'avènement de M. de Freycinet ; M. de Freycinet relient ses
confidences qui ne seraient pas, sans doute, un chant
d'allégresse ; mais s'il est déçu, il est à peu près seul
à en souffrir ; ses amis se réjouissent tout haut de
l'élection de M. Sadi Carnot. Joffrin lui-même
rayonne, et les journaux de chaque faction qui, depuis un mois, ne charriaient plus que des hottées d'injures sont aujourd'hui chargés de fleurs. Les républicains de tout poil font à l'envi leurs révérences au
nouvel élu, et nous promettent, en son nom, toutes
sortes de prospérités.

Je n'y contredis pas. Un président à qui l'on vient
de décerner unanimement un prix de bonne conduite
ne mérite pas un autre accueil, et ce serait bien le
diable si les plus mal embouchés de la famille ne
pouvaient se retenir de lui mordre les mollets. Il
n'était le favori d'aucun parti, et il se trouve être
l'élu de tous. Les haines de groupe à groupe se sont
neutralisées sur cette candidature qui ne déplaisait à
personne, et la peur de voir triompher une concurrence détestée se résout par une élection qui est in-
différente à tout le monde. C'est ce que les républicains, au lendemain de l'événement, appellent la
concentration. Concentration d'une heure, si l'on

veut. Lorsque les éléments hétérogènes qui la composent seront revenus de leur attendrissement et ramenés par leurs affinités naturelles au conflit des intérêts, des passions et des doctrines qui les divisent, on s'apercevra que cette concentration est à peine une trève, et que la guerre intestine est toujours la fatalité du gouvernement républicain. M. Sadi Carnot goûte aujourd'hui, comme on l'a dit, les douceurs de la lune de miel ; il serait vraiment cruel de lui refuser l'illusion de l'union parfaite et de la paix définitive. Qu'il rêve, et que les partis momentanément recueillis évitent de troubler son rêve, à la bonne heure ! Mais il n'est pas de lune de miel qui ne finisse, comme toutes les lunes.

Si M. Sadi Carnot possédait quelques-uns de ces dons dominateurs qui subjuguent la foule et commandent aux Parlements, c'est-à-dire l'autorité, le prestige, la popularité, la puissance de la parole ou l'éclat des services, il est incontestable que la situation intermédiaire qu'il occupe parmi les partis et sa neutralité même lui permettraient d'être un arbitre obéi dans la République, et de régner souverainement sur elle. Mais on l'a précisément choisi parce qu'il ne les a pas. Les factions rivales qui viennent d'unir leurs suffrages sur son nom ont simplement escompté sa faiblesse, et c'est parce qu'elles savaient d'avance qu'il no ferait obstacle à rien qu'il a obtenu les suffrages de tous. Il est permis à M. Sadi Carnot de l'ignorer, ou de faire comme s'il ne le savait pas. Il est dans son rôle lorsqu'il prêche l'union entre tous les républicains, et se félicite d'avoir été choisi pour la réaliser. Il annonce même l'intention, paraît-il, de constituer un cabinet en mosaïque dont les pièces seraient empruntées, par parties égales, aux différents groupes de la majorité, et il espère conduire, avec cet attelage disparate, le char de l'État vers les régions bénies où règnent à jamais la paix, l'harmonie, la concorde et la fraternité. C'est le rêve d'une imagination innocente. Passons-lui cette jouissance éphémère; il sera toujours temps de l'initier aux brutalités du réveil !

Je ne sais pourquoi l'élection de M. Sadi Carnot me fait songer aux commencements de Louis XVI. La distance est longue de l'un à l'autre, et le rapprochement qu'on voudrait établir touche plutôt au jeu d'esprit qu'à la réalité. Il y a pourtant entre les hommes et les situations des traits communs qui retiennent la pensée et inquiètent le souvenir. Louis XVI était un bon roi, de la même façon qu'il est bon président, simple, juste, dévoué, conciliant, honnête et prodigieusement vertueux. Il succédait au plus abominable des règnes. Il avait reçu de Louis XV, enterré sous les huées de son peuple, une France avilie, épuisée, pillée, saignée, vendue, expirante de misère et de honte, et il s'était donné mission de la relever de sa ruine, de panser ses plaies, de guérir ses maux, de corriger ses vices, de lui rendre tous les biens perdus; il se dévoua tout entier à cette œuvre de résurrection. Il n'est pas de souverain, dans l'histoire de France, qui ait témoigné d'une passion plus sincère et plus touchante du bien public, et l'effusion de joie populaire qui salua son avènement nous rappelle qu'il y avait accord parfait entre les sympathies du peuple et l'honnêteté du roi. On sait ce qu'il en advint. Eh bien ! M. Sadi Carnot commence à peu près comme Louis XVI : j'espère qu'il finira mieux.

6 décembre 1887.

PÉRIL A GAUCHE

Le cri de réprobation qu'a soulevé, de toutes parts, l'attentat commis sur M. Jules Ferry suffit à flétrir le crime; il ne suffit pas à guérir le mal social d'où le crime procède. Quelques-uns des amis de M. Jules Ferry se sont préoccupés de rechercher les causes, et ils croient les avoir aperçues dans la violence des polémiques, dans le déchaînement des outrages, dans cet assaut perpétuel de dénonciations, de provocations, d'exécrations qui constitue le principal aliment de la politique courante, en un mot, dans ce paroxysme continu de la haine qui détraque les uns, affole les autres, et transforme aisément le frénétique en assassin. Et comme il faut bien supprimer la cause pour prévenir l'effet, ils font tout de suite appel à la répression. Ils réclament avec éclat une réforme de lois trop libérales à leur gré, puisqu'elles sont un encouragement à l'assassinat. Ils n'avoueraient pas volontiers que la législation de 1852 sur la presse et les clubs est devenue leur idéal. Mais ils apprécient aussi bien que nous, aujourd'hui, ce système de défense sociale qui mettait le baillon à deux ou trois cents bavards, pour assurer la paix à dix millions d'hommes.

Ces républicains se trompent. Assurément, le mal social qu'ils constatent n'est que trop réel; les vices légaux qu'ils dénoncent crèvent les yeux, et l'on ne peut que souscrire à leurs protestations. Si l'on résiste, par esprit de parti, à comparer l'état présent de la France à son passé, il suffit de jeter un coup d'œil au dehors pour s'apercevoir que toutes choses, chez nous, sont à l'envers. Il y avait, à Rome, une sorte de carnaval pendant lequel les valets prenaient la place des maîtres, et se livraient à toutes les extravagances que leur humeur impunément débridée pouvait inspirer. Mais ces folies étaient conventionnelles, et ne duraient que trois jours. Chez nous, les saturnales sont le régime ordinaire. La République a renversé les situations, en même temps qu'elle bouleversait de fond en comble les lois et les mœurs. Elle a fait surgir des bas-fonds sociaux des espèces inconnues, grimaçantes, horrifiques ou falottes, lesquelles jouent au naturel, parmi nous, des rôles qui, dans une société bien ordonnée, n'appartiendraient qu'aux masques. Paris est une Cour des miracles accaparée par les névropathes et les bateleurs; la rue est une obscénité; la politique tourne à l'hystérie, et dans ce détraquement universel, ce sont naturellement les sages qu'on accuse d'avoir perdu la raison !

Croyez-vous sérieusement qu'il suffise de réviser les lois sur la presse et sur le droit de réunion pour remédier à un pareil état ? C'est faire preuve d'une prévoyance bien courte que de l'espérer. On peut, avec des lois sévères, réprimer ou prévenir les manifestations publiques de cette frénésie révolutionnaire qui nous consume. Mais on la comprimera, sans la guérir. Il en est de ces affections morales comme des humeurs peccantes dont parlent les médecins de Molière : il faut qu'elles trouvent leur écoulement. Le jour où elles ne pourront plus s'épancher en déclamations furibondes, en provocations délirantes, en mascarades révolutionnaires, elles se traduiront en complots; les haines ainsi comprimées n'en seront que plus intenses et les attentats plus fréquents. Il n'est pas de lois, si rigoureuses et si prévoyantes qu'on les suppose, qui puissent empêcher une société affolée comme est la nôtre de produire des fous, des sectaires et des meurtriers. C'est le foyer même de cette frénésie qu'il faudrait atteindre, et la répression n'y peut rien.

Est-ce à dire que le mal soit sans remède ? Non: mais encore faut-il le connaître sûrement avant de

prétendre le guérir. M. Jules Ferry et ses amis se sont-
ils demandé d'où viennent ces sectaires politiques
ou ces patriotes détraqués qui les menacent, les dénoncent, les injurient et les assassinent? Ils viennent
des factions variées qui composent leur propre famille : tous appartiennent, abstraction faite des
nuances, à ce parti républicain dont ils ont affranchi
la conscience et déchaîné les appétits; pas un d'eux
ne se rattache par un lien quelconque au parti conservateur, si durement opprimé dans ses affections
et dans sa foi. Il y a là un phénomène qui est digne
de leurs méditations, pour peu qu'ils prétendent à la
qualité d'hommes de gouvernement. En l'étudiant de
près, dans ses causes et dans ses effets, ils arrive-
raient à se convaincre que le remède qu'ils cherchent
au mal dont ils meurent est dans une réforme de l'é-
ducation populaire, et cette réforme implique la ré-
pudiation et le renversement complet de l'œuvre
qu'ils ont accomplie, depuis dix ans.

Lorsque M. Jules Ferry, encore maître de la majorité parlementaire, déclarait que le péril est à gauche, il voyait plus juste qu'il ne regardait loin. Il n'en-
tendait parler que du péril révolutionnaire, plus
redoutable à la République que les revendications
conservatrices. S'il se fût alors inquiété du péril social, c'est lui-même qu'il devait accuser. Les lois

contre la liberté religieuse et la liberté d'enseignement dont il fut le promoteur, et dont nous portons
maintenant la peine ensemble, sont la cause directe,
immédiate, de ce désarroi des esprits et des consciences
qui se traduit en attentats variés dont on s'épouvante, après les avoir provoqués. Ce n'est pas impunément qu'on vide l'âme du peuple des principes, des traditions et des croyances qui l'assu-
jettissaient au devoir. Il n'est pas de société que la
loi positive puisse gouverner et retenir, quand la loi
morale a cessé de l'obliger, et ce qu'on appelle avec
plus de pompe que de justesse l'affranchissement des
consciences n'est, en réalité, qu'un acheminement à
l'anarchie.

L'esprit révolutionnaire qui souffle éperdûment sur
la France a provoqué des rébellions et déchaîné des
appétits que l'éducation d'autrefois savait, dans une
large mesure, étouffer ou contenir. Il vous a plu de
lui substituer la vôtre, et vous en voyez les effets !
Toute hiérarchie a disparu, toute discipline est morte ;
le respect va s'effritant tous les jours sous la main
des niveleurs. Le socialisme avec ses vagues promesses
de rédemption terrestre et ses aspirations brutales,
absorbe peu à peu la République, et les factions anarchiques, dont il est le foyer, dressent ouvertement
leur peuple au sac de la société.

Et c'est logique, hélas! Aucune créature humaine n'accepte le mal physique avec sérénité. Il faut de fortes croyances, un spiritualisme éprouvé, une morale aguerrie par la foi religieuse et l'espoir des compensations éternelles, pour mesurer la pâture aux appétits, et plier la nature révoltée à la soumission. Mais la République n'a pas voulu de ce concours des croyances spiritualistes et des vertus chrétiennes. Matérialiste, elle a fait de son matérialisme le principe même de son gouvernement. Elle a mis tous ses soins à étouffer tout germe de foi dans l'âme des générations qui lui obéissent, et à faire un peuple qui fût semblable à elle. La conséquence immédiate de cette politique, c'est que la résignation, le dévouement, la discipline, le respect, l'obéissance font place à l'envie, à la haine, à l'égoïsme, à l'impatience de jouir, aux revendications farouches, à la révolte et à la sédition ; c'est que les excitations malsaines fermentent incessamment dans les âmes jusqu'à l'explosion qu'elles attendent, et voilà comment la guerre sociale apparaît comme le terme fatal et prochain peut-être de ce qu'on appelle, sans ironie, le progrès républicain !

A ces infirmités naturelles qui germent et se développent spontanément dans le cœur des générations nouvelles s'ajoute le charlatanisme qui les affole. On flagorne le peuple au lieu de l'instruire; on l'exalte, au lieu de lui apprendre à raisonner; on lui verse à flots le mensonge, le sophisme, les espérances fallacieuses et les revendications folles, et de ses travers on lui fait des vices. La littérature politique dont il se repait n'est qu'une exploitation de cette misère morale faite de passions incendiaires et d'appétits insensés. Scribes et rhéteurs lui distribuent, chaque jour, sa ration d'alcool qu'il lampe avec des grognements de fauve. Et quand, d'aventure, la bête impatiente ou trompée se retourne contre ses meneurs, on jette à ces milliers de gueules hurlantes le mot de Gambetta: — Tas d'esclaves ivres!... — Ivres, en effet: mais le malheureux oubliait qu'ils étaient ivres du vin qu'il leur avait versé!

Ces considérations, à vrai dire, ne s'appliquent qu'indirectement à l'attentat d'hier, puisqu'il parait établi que l'auteur n'est point un sectaire politique, mais seulement un halluciné. On se fût moins ému du crime, pourtant, s'il n'eût été qu'un accident individuel, comme il s'en produit dans tous les Etats et et dans tous les temps. Si l'émotion publique a été si intense, c'est qu'on a eu subitement la vision d'un péril autrement redoutable que la fureur qui peut armer le bras d'un maniaque: c'est l'imminence d'une nouvelle Jacquerie et l'horreur de la guerre sociale. On sent que les factions démagogiques qui la préparent ouvertement, qui l'annoncent impunément, qui l'auraient déchaînée, dès hier, si le Parlement n'eût cédé aux injonctions de la rue, ont d'autres visées que la disparition d'un homme. C'est l'État lui-même qu'elles visent et qu'elles prétendent effondrer. Il ne semble pas que la République parlementaire, qui n'est que cacophonie et imbécillité, soit de force à se défendre, et voilà pourquoi l'opinion publique, consciente de cette impuissance, frissonne sous la menace du péril entrevu et crie au secours.

Ce n'est pas en dénonçant à son indignation « le parti du crime » ou « la presse scélérate » qu'on pourra le conjurer. Les gens à qui s'adressent ces imprécations ont plus de passion que leurs dénonciateurs n'ont d'anathèmes au fond de leur encrier. Ce n'est pas d'avantage en réclamant des lois répressives contre les provocations démagogiques. Le péril est dans les âmes, et non sur les tréteaux où déclament les meneurs. Il n'y a de défense efficace contre la barbarie révolutionnaire que dans un classement nouveau des partis, et dans l'application d'une méthode nouvelle et de principes nouveaux au gouvernement de la République.

Il ne m'appartient pas d'enseigner à des adversaires politiques la conduite qu'ils doivent tenir. Mais j'imagine que M. Jules Ferry et ses amis n'ont pas été sans réfléchir au péril de la position qu'ils occupent à mi-chemin du radicalisme et de la conservation, en butte à tous les coups, et destinés fatalement à disparaître, comme tout ce qui est artificiel ou démodé. L'opportunisme, qui ne fut, à l'origine, qu'un agent d'acclimatation, a perdu sa raison d'être depuis que la République l'a dépassé. Il occupe aujourd'hui, dans la grande famille républicaine, la place sacrifiée et ridicule qui fut celle du Centre gauche, autrefois, et, comme le centre gauche, il se voit délaissé par les siens, ou noyé par le suffrage universel. Chacun suit ses affinités. Ceux qui sont plus républicains que conservateurs vont au radicalisme ; ceux à qui le radicalisme répugne feraient volontiers alliance avec les conservateurs ; ils font appel à nos suffrages lorsqu'un cabinet formé de leurs débris, comme celui de M. Rouvier, arrive encore aux affaires ; mais il n'osent sacrifier à ce concours rien de ce qui fut leur œuvre, et de là viennent les conflits et les accidents.

Il faudra bien pourtant qu'ils y viennent, s'ils ont vraiment souci de sauver le pays des abominations qu'ils nous dénoncent. Mais c'est leur affaire, et non la nôtre. En dehors de tout intérêt de parti, nous servons, nous, des principes de gouvernement qui n'ont jamais trompé personne. La révolution peut les battre en brèche et renverser les régimes qui reposaient sur eux ; mais elle ne peut faire qu'ils ne soient pas, dans l'opposition comme au pouvoir, l'antithèse éclatante du dévergondage politique et social qui vous fait honte et peur, et le remède aux maux que vous détestez. Si vous avez conscience de vous être trompés, vous comblerez le fossé que vous aviez ouvert entre nous. Si cette réparation nécessaire est plus forte que votre courage ou plus haute que votre raison, c'est nous qui l'accomplirons.

13 décembre 1887.

LE WILSONNISME

S'il y avait présentement, en France, un homme capable de respecter la magistrature, on le montrerait dans les foires, et il y ferait fortune. Mais ce phénomène n'existe pas. Toute foi en la justice est morte ; ce grave et beau nom de magistrat, qui portait le respect avec lui, n'éveille plus aujourd'hui, dans l'esprit du justiciable, que cette suspicion mêlée de mépris qui s'attache aux courtiers marrons de la politique. La justice ne paraît plus être qu'une dépendance du pouvoir, et comme les besognes auxquelles il l'emploie révèlent trop cette promiscuité, elle est solidaire de sa renommée et, à ce titre, ne jouit même plus de cette considération relative que l'on doit aux valets de bourreau.

D'où viennent cette déchéance de la justice, cet avilissement de la magistrature ? De la même cause qui a ruiné tant d'institutions et sali tant de renommées, du sophisme républicain. C'est une idée commune à tous les républicains de notre temps que tout, dans l'État, doit porter l'estampille de la République et ne s'employer qu'à son service. Aussi leur a-t-il fallu une magistrature républicaine ! Ils n'ont pas voulu comprendre qu'une magistrature qui porte l'étiquette d'un parti cesse précisément d'être une magistrature pour devenir une police : car elle a perdu dans cette opération la suprême vertu et le caractère qui constituent le juge, l'indépendance. On a suspendu l'inamovibilité pendant une année, et douze mois durant, les magistrats les plus respectés et les plus dignes, tous ceux que leur intégrité même désignait à la haine des coteries révolutionnaires, sont restés la cible vivante des injures, des calomnies, des dénonciations, des fureurs de coalitions de cabaret ; on les a sacrifiés à cette écume de la politique, et cette triste cuisine s'est appelée du nom d'épuration !

Il faut une foi robuste pour croire que ce baptême infamant n'a pas fait à ceux qui l'ont reçu un âme mercenaire. Et si l'on ajoute qu'il est aussi simple et plus avantageux de devenir le favori de la politique que d'en être la créature, quelles garanties reste-t-il à l'impartialité ? La faveur, les bonnes places et l'avancement rapide ont été réservés aux politiciens du prétoire qui ont accommodé leur justice au goût de leurs patrons. L'épuration ne serait en elle-même qu'un scandale isolé, si la brigue politique n'en perpétuait l'effet. Mais que voulez-vous que la justice devienne, sous un régime où l'on veut que la magistrature soit républicaine et ne rende que des arrêts républicains?

Cette obsession de la politique est si intense qu'elle
opprime la conscience des juges, sans qu'ils paraissent seulement s'apercevoir des monstruosités qu'elle
leur inspire. Il y a deux ans, un clerc de notaire de
ma province eut l'idée d'acheter une étude d'huissier;
mais il fallait, avant d'entrer en fonctions, obtenir
une sorte d'*exequatur* du tribunal civil de l'arrondissement. Les trois juges se réunirent pour délibérer sur
sa requête et finirent par rendre un jugement aux
termes duquel il était expressément déclaré que
l'impétrant, ayant manifesté des opinions conservatrices aux élections dernières, n'avait point qualité
pour être huissier! Je montrai cette incongruité au
garde des sceaux, qui traita fort mal les trois magistrats, passés pourtant au feu de l'épuration; mais il
respecta l'arrêt!

Transportez cette aveuglante passion dans le sanctuaire de la justice, et vous arriverez à d'effroyables
conséquences. Un avocat de grand caractère et de
grand talent voit décroître sa clientèle, tandis que le
cabinet d'un confrère, naguère inapprécié, se rem

plit de clients. Vous démandez pourquoi, et chacun de vous répondre, sans marquer, d'ailleurs, d'étonnement : — Ah ! c'est qu'il n'a pas l'oreille de la cour, tandis que l'autre est républicain ! — J'ai entendu quelqu'un me dire un jour, en me montrant sa maison : — Vous voyez ma maison ; elle a été bâtie par mon père et elle m'est venue de lui. Tous mes titres de propriété sont en règle. Eh bien ! si le va-nu-pieds qui passe là-bas la réclamait comme sienne et me la disputait en justice, je ne plaiderais pas, parce que je sais d'avance qu'elle lui serait adjugée, et qu'il me faudrait payer les frais du procès perdu ! — C'est là, sans doute, l'exagération voulue d'un esprit ulcéré ou furieusement sceptique. Je ne prétends pas que la magistrature républicaine mérite le discrédit dont elle est frappée. Je constate seulement l'opinion que le public en a.

Et c'est là le malheur ! Il n'est pire état social que celui d'un peuple qui a cessé de croire à la justice. On peut supporter, sans en mourir, les effets d'un mauvais gouvernement et d'une administration incapable ou vicieuse, parce que les intérêts sont seuls à en souffrir. Mais lorsque la justice fait faillite à son tour, et que la magistrature qui la personnifie passe couramment pour n'être plus qu'une troupe mercenaire, aux gages du pouvoir ou du parti triomphant, c'est la conscience populaire qui se pervertit par l'exemple. Toute notion du bien et du mal, du juste et de l'injuste, du droit et de l'abus disparaît en lui et fait place au cynisme absolu. C'est le triomphe du puissant et du riche, l'immolation du faible, jusqu'à ce que le faible se révolte et venge dans le sang ses justes griefs. Car la violence est, en somme, la revanche suprême des victimes contre les iniquités triomphantes. Si nous n'en sommes pas encore revenus à cet état de justice sommaire qui remplace, dans les sociétés rudimentaires, la justice officielle impuissante ou faussée, nous y marchons à grands pas. Je sais quelqu'un qui s'est suicidé naguère pour avoir perdu un procès où il avait la certitude que le droit était de son côté. Laissez faire les mœurs qui nous sont inoculées. Avant qu'il soit longtemps, les malheureux comme lui ne songeront plus à se tuer ; ils assassineront leurs juges !

L'affaire Wilson a singulièrement mûri l'idée qu'on se faisait de la justice en France. Il semble que la République ait eu à cœur d'entretenir le scandale incessamment renouvelé et de tourner en dérision sa propre magistrature. Elle pouvait étouffer l'affaire à ses débuts, ce qui eût été d'une politique malhonnête, mais habile. Elle pouvait aussi faire prompte et rigoureuse justice, et donner à son peuple l'un des spectacles les plus réconfortants et les plus moraux qui se puissent voir, celui d'un parti qui frappe l'un des siens. Eh bien! elle n'a compris ni son intérêt ni son devoir. Elle s'est entêtée à sauver M. Wilson ; elle s'est rendue solidaire de son commerce, et la cause de cet écumeur est devenue la sienne. Elle a commis cette gaucherie énorme de pourchasser, d'arrêter, d'emprisonner les agents subalternes qui grouillaient autour de lui, et de respecter l'homme qui les mettait en chasse. Elle s'est faite aveugle et sourde à plaisir pour ne pas connaître les voix qui l'accusaient.

Elle a révoqué le juge d'instruction qui mettait trop de zèle à poursuivre la vérité, et s'il s'est rencontré, par aventure, trois juges oubliés par l'épuration pour condamner M. Wilson en police correctionnelle, elle a eu l'inestimable fortune d'en trouver cinq pour l'acquitter en appel! Depuis cette affaire, il est généralement admis en France que la République, de la tête aux pieds, n'est qu'une immense pourriture.

Cependant, les républicains protestent à l'envi contre ce parti pris de suspicion qui les enveloppe, comme une atmosphère empestée. — Il suffit aujourd'hui, dit l'un, d'être investi d'une fonction publique ou d'un mandat électif pour devenir aussitôt la proie des diffamateurs. Si vous êtes député, estimez-vous heureux de ne pas être traité de filou : si vous êtes

ministre, vous n'échapperez pas à l'épithète d'assassin. — Prenons garde à la suspicion ! s'écrie l'autre.
La suspicion a coûté trop cher au parti républicain
pour qu'il en recommence la triste épreuve ! — Ces la-
mentations et ces conseils partent assurément d'un
bon naturel. Il manque seulement à ces critiques de
rechercher d'où vient cet état de suspicion universelle
qu'ils dénoncent comme un malheur public. Il n'y a
pas de phénomène sans cause, et le discrédit dont la
République se meurt n'est point de génération spontanée.

La cause, c'est l'infériorité morale et sociale des
gens que la République a poussés dans la politique et
la nouveauté des pratiques qu'ils ont acclimatées
parmi nous. Lorsque Gambetta, prenant possession du
gouvernement, au nom de la République, prévenait
son peuple que les temps héroïques étaient passés, il
ne croyait pas si bien dire. La République, avant l'é-
preuve, apparaissait à ses fidèles comme un idéal de
désintéressement, de justice et d'honneur, et l'imma-
térielle splendeur de leur rêve justifiait assez le culte
farouche qu'ils lui avaient voué. Ils conspiraient,
combattaient, mouraient pour elle, et, si gênants qu'ils
fussent, au moins justifiaient-ils leurs tentatives par
la hauteur des aspirations auxquelles ils se sacrifiaient.
Malheureusement ces idéalistes ont été mal récom-

pensés de leur martyre. Ils ont fait souche d'industriels qui ont converti le rêve en affaire, substitué le service de leurs appétits au culte de l'idée, mis la République en actions, et s'en partagent couramment les bénéfices. La République qu'ils nous ont faite est proprement le règne des politiciens, autant dire des brocanteurs.

Si M. Pasteur avait appliqué à la politique ses merveilleuses investigations, il eût certainement trouvé que la France se meurt d'une sorte de parasitisme qui envahit ses organes, paralyse ses fonctions, obscurcit sa conscience, engourdit sa volonté, et que le microbe de ce mal mortel, c'est le politicien. Il n'y a ni vibrion ni bactérie qui soit aussi redoutable. La France a subi dans le passé tous les assauts que livrent périodiquement les mécontents aux sociétés organisées : elle a vu se ruer sur elle, à différentes époques, les meutes forcenées et sanguinaires de la révolution, et elle a su s'en défendre comme on se défend des fauves, par le combat au grand jour. Mais comment se défendre contre ces ferments vivants de corruption qui se mêlent à son sang, entourent ses fibres et finissent par occuper l'organisme tout entier ? Le corps le plus courageux et le plus robuste succombe à cet empoisonnement obscur dont il alimente les ravages, sans avoir même conscience du mal qu'il nourrit.

La politique, toute féconde qu'elle est en misères, n'a jamais rien produit de plus odieux et de plus funeste. Le népotisme, la vénalité, la corruption, le maquignonnage des consciences, le trafic des opinions, l'effronterie des programmes, le mépris des promesses, le cynisme des apostasies, l'asservissement des ambitions, l'exploitation des appétits, voilà ses moyens de gouvernement. Il a réduit la république en fief, et il l'exploite, sous l'invocation d'un parti, au seul profit de ses intérêts et de ses passions : il fait travailler la politique, comme un usurier juif fait travailler son argent. Le pis est que cette industrie soit aussi une contagion. Le spectacle de tant de scandales impunément étalés a eu pour effet de pervertir la conscience populaire et d'étouffer en elle jusqu'au germe de la révolte. Comparez, par exemple, le parisien d'aujourd'hui aux générations d'autrefois, si promptes à l'émeute et si généreuses dans leurs colères. Il n'a ni culte, ni foi, ni respect ; il n'a plus de sang à verser pour ses anciennes idoles. Il s'est fait une âme à l'image de la politique ambiante ; il peine, il souffre, il envie, il blague, il braille : mais il ne se bat plus.

Espérons, au moins, que la France vaut mieux que cela, que cette âme sceptique et gangrenée n'est pas la sienne, que l'honneur conserve dans nos provinces des foyers immortels, et que si la République est le

gouvernement de notre pays, elle n'en est pas l'image
La houle de mépris que le « wilsonnisme » a soulevée
de toutes parts témoigne avec éclat, Dieu merci, que
la conscience nationale réforme spontanément les arrêts de la justice républicaine. Et c'est de bon augure
déjà qu'on ait été obligé de recourir à un barbarisme
pour qualifier des pratiques qui nous étaient étrangères avant l'avènement du régime actuel, et qui s'ef-
faceront de nos mœurs, dès qu'il aura disparu.

7 février 1888.

EXPIATION

Il y a un commencement de justice et d'expiation dans l'affolement qu'étalent nos républicains de toute nuance et de toute condition. Depuis dix ans qu'ils occupent le pouvoir, ils l'exploitaient comme un bénéfice, et jamais la France ne connut de maîtres plus insolents et plus durs. Ils jouissaient sans vergogne de leur conquête, et traitaient en ennemi quiconque ne leur ressemblait pas. Leur république reproduisait, à s'y méprendre, la tyrannie qu'exerce l'Allemagne sur l'Alsace-Lorraine ; il fallait penser, parler, marcher et s'habiller comme eux, sous peine de perdre son droit de citoyen, comme les fils de nos vieilles provinces restés fidèles à la France perdent, là-bas, leur droit à la patrie. Il y a dix ans que les victimes de cette basse et brutale oppression se plaignent et prennent le ciel et les hommes à témoins de leurs tourments. Ils sont fort éloquents ; mais ce sont des conservateurs, et les conservateurs, comme on sait, sont trop corrects pour courir aux armes après avoir pleuré, et leurs doléances innocentes n'ont eu jusqu'à ce jour d'autre résultat que d'entretenir le rire épais de leurs bourreaux.

Mais voici qu'un général de mine conquérante avec des dents encore plus longues que son plumet, s'approche de la salle où l'on festoie et somme la compagnie de lui céder la place. Vous devinez comment cette sommation saugrenue est accueillie ! On commence par railler l'intrus. — Ardez le beau museau ! — Mais l'autre insiste ; nos fricoteurs s'épouvantent, et leur épouvante se traduit par d'étranges grimaces. Les modérés, qui n'ont rien à perdre, jouent l'impertinence ; les radicaux crient au césarisme comme ils crieraient au loup, et les opportunistes nous invitent à défendre avec eux les libertés publiques. A la bonne heure ! La République nous devait bien ce divertissement final en paiement des misères qu'elle nous a fait subir.

Je ne méconnais pas que l'aventure qu'elle court est aussi la nôtre, et que nous sommes tous solidaires des destinées que prépare à la France l'ambition maintenant déchaînée du général Boulanger. Mais avant de nous apitoyer sur la détresse des républicains orthodoxes, il nous sera, tout au moins, permis de méditer un peu sur le césarisme qui vient et la République qui s'en va.

Certes, le césarisme ne peut passer pour l'idéal du gouvernement : c'est seulement un pis-aller. Les accidents qui l'accompagnent lui font un triste cortège. Il se produit, d'ordinaire, aux heures les plus sombres de l'histoire des peuples, et ne s'impose qu'aux sociétés en désarroi, comme une halte dans la chute. Il est le refuge des démocraties incapables de se gouverner toutes seules, et le châtiment des partis égoïstes qui prétendent se substituer au pays lui-même. Il ne me déplait pas qu'on l'accuse et qu'on le craigne. Mais encore faut-il le comparer à quelque chose qui vaille mieux que lui. On peut affirmer, sans désobliger aucun esprit juste, qu'il n'a ni l'honneur ni la vertu de l'hérédité monarchique, ni les avantages d'un gouvernement électif libéralement et loyalement pratiqué ; mais on aurait, en vérité, mauvaise grâce à contester qu'il soit infiniment préférable à l'oligarchie parlementaire qui s'insurge, en ce moment, contre lui.

On ne peut imaginer rien de pire que le régime actuel : régime d'oppression populacière, de politique haineuse, d'égoïsme féroce, d'avidité bestiale, de dilapidation bachique, d'ignorance bouffonne et d'incommensurable imbécillité ; régime sans honneur, sans vertu, sans talent, sans horizon et sans clarté. Quel que soit le changement que nous apporte l'ave-

nir, il vaudra toujours mieux que cette Cour des
miracles, qui est le rendez-vous de toutes les infirmités sociales, et, s'il ne constitue pasen lui-même un
asile durable pour ce peuple errant et dévoyé, on
peut espérer du moins qu'il lui ouvrira les voies de la
terre promise.

Je comprends que les républicains en possession de
la République se soulèvent contre le césarisme et re-
doutent tout de lui ; mais je demande à quels clients
ils s'adressent, lorsqu'ils prétendent nous sauver de
l'oppression du sabre, et comment les bons citoyens
de se lever pour défendre avec eux les libertés mena-
cées ?

J'ai conscience d'appartenir à cette catégorie, et
je suis aussi jaloux qu'un autre de ma liberté. Mais je
ne sais, en vérité, quelle liberté je défendrais en m'as-
sociant à leur résistance. Ces gens-là sont évidemment sincères dans leurs protestations : ils sont per-
suadés que les libertés publiques, commme ils disent,
sont solidaires de leur propre cause. Seulement, ils
ne considèrent que les libertés qu'ils prennent contre
nous, et ne s'interrrogent pas sur celles qu'ils nous
ont laissées. C'est que la liberté, pour le républicain,
ne va jamais sans l'oppression d'autrui : je ne connais pas dix membres dans la Gauche qui conçoivent
et consentent la liberté pour nous. Et pourtant c'est à

cette seule marque que l'on reconnait le vrai libéralisme. Etre libéral, c'est vouloir la liberté des autres, et c'est être oppresseur que de vouloir seulement la liberté pour soi.

Eh bien! si les républicains, qui poussent en ce moment de si beaux cris en l'honneur de la liberté, voulaient s'interroger sur la condition qu'ils nous ont faite, ils s'apercevraient qu'elle ne se distingue guère de celle du peuple, avant l'émancipation de 1789. Il n'est aucun des droits inscrits dans la Déclaration des Droits de l'homme et du citoyen dont nous ayons conservé la pleine jouissance, si ce n'est la liberté d'écrire et de parler. Je n'en veux pas médire, et je les tiens pour bonnes, bien que l'usage que nous en faisons ne nous vaille ni honneur ni profit. Mais les libertés primordiales et sacrées, celles qui nous tiennent au cœur et sont l'impérissable honneur de la Révolution, la liberté de conscience, la liberté d'enseignement, l'égalité des citoyens devant la loi, l'accès de tous aux charges publiques, toutes ces rayonnantes conquêtes du droit, qu'on a décorées du nom de principes immortels, sont aujourd'hui confisquées par l'État républicain. Les géants d'antan ont fait souche de subtils sophistes, qui ont substitué l'absolutisme de l'État à l'absolutisme royal, et comme ils ont su s'arranger pour absorber l'État, ils règnent, avec ses complaisances pour règle et leur bon plaisir pour fin.

Et ce qu'il y a d'admirable, c'est qu'ils n'ont aucunement conscience de cette oppression. Il y a quelques jours, un député de la Droite, M. Bigot, demandait compte au ministre des affaires étrangères de certaines radiations qu'il avait arbitrairement opérées sur la liste du concours qui ouvre maintenant les portes de son département. Ce n'est point un sectaire que M. Flourens; mais l'esprit républicain l'a rendu semblable à M. Dethou ! Il a répondu qu'il avait exclu les candidats dont l'opinion politique lui paraissait suspecte, et qu'il pensait remplir son devoir envers la République ! La Gauche ne l'a jamais tant applaudi. Cette théorie n'est pas autre chose que le dogme du péché originel appliqué aux fonctions publiques. On frappe l'hérésie des pères dans la carrière de leurs enfants. *Delicta patrum immeritus lues !* Et voilà ce qu'est devenue la Déclaration des droits de l'homme aux mains des républicains ! Est-ce que M. Burdeau, qui est une des lumières du parti, n'a pas proposé d'interdire l'École polytechnique et Saint-Cyr aux élèves de l'enseignement libre ? Est-ce que M. Jaurès, l'autre jour, dans un discours où passent de grandes bouffées d'éloquence, n'a pas félicité la Chambre d'avoir fondé l'enseignement du peuple sur la seule raison ? Mais ma raison, à moi, me dit que l'enseignement matérialiste est une école de bestialité, et ma conscience, qui vaut la sienne, proteste contre cette dégradation. Qui pourrait prononcer entre nous ? La liberté ! C'est précisément cette liberté-là qu'on nous refuse.

Prenons garde à la piperie des mots. Libertés publiques, libertés parlementaires, ce sont là des invocations sonores qui ne correspondent à aucune réalité. Choisissez sur les bancs de la Gauche un républicain professionnel, c'est à dire un sectaire d'esprit médiocre et d'intolérance forcenée, — il y en a quelques uns de cette catégorie, — et supposez que le régime que nous subissons nous soit imposé par lui seul, vous crierez à la plus abominable tyrannie et ne songerez qu'à renverser cette humiliante et sotte domination. Croyez-vous que le régime devienne plus noble et meilleur parce qu'il est l'œuvre collective de trois cents compères qui lui ressemblent ? Non. Il est pire, au contraire, parce qu'il n'est pas de tyrannie plus atroce que celle des majorités. Un desposte, à la rigueur, peut avoir l'âme ouverte au droit, à la justice et à la tolérance ; il peut spontanément, par calcul ou par goût, sacrifier son bon plaisir et donner à son peuple l'illusion de la liberté : une association, jamais ! Elle reste implacablement fermée aux revendications de ses adversaires. La tyrannie du nombre n'a point de fissures, et tel camarade qui vous donne raison dans les couloirs vous condamnerait à mort, sans sourciller, dès qu'il a repris sa place dans la collectivité. C'est à cet aimable régime que nous sommes condamnés depuis dix ans, et voilà ce qu'on appelle les libertés publiques. Vos libertés, bonnes gens, sont nos servitudes. Partagez, au moins, avec nous, si vous voulez que nous nous amusions à les défendre !

20 mars 1888.

LA DICTATURE

J'écris en Normandie, pendant qu'on vote dans le département du Nord. J'ignore, en fait, quel sera le résultat du scrutin ; mais il est facile de le pressentir par les manifestations qui viennent de se produire dans l'Aisne et dans la Dordogne, et par l'état d'esprit que je constate autour de moi. La France est une, quelle que soit, d'une province à l'autre, la diversité de son tempérament et de son génie. Elle obéit partout aux mêmes aspirations et aux mêmes besoins ; les raisons qui ont fait acclamer le général Boulanger, dans la Dordogne et dans l'Aisne, doivent le faire élire dans le Nord, comme elles le feraient élire ici.

Je voudrais que les politiques de ruelles, les dilettantes de la liberté parlementaire, les beaux-esprits qui persiflent si agréablement le césarisme, et jettent l'insulte à ces manifestations populaires, prissent la peine de passer quinze jours en province, comme je viens de le faire, et d'étudier ces phénomènes sur place ; ils verraient ce que valent leurs brocards ! Ils s'apercevraient que cet admirable mouvement d'opinion qu'ils outragent ou qu'ils bafouent n'est, dans son principe et dans sa fin, que la plus noble et la plus légitime des protestations : la révolte de la conscience nationale contre l'abjection du régime actuel, et que, s'il est quelque chose au monde qui pût encore nous sauver l'honneur, c'est précisément la violence et l'universalité de ces aspirations libératrices. Il se peut que le peuple se trompe sur la qualité de l'idole qui les personnifie, et encore c'est ce qu'il faudra voir ; mais il ne se trompe pas lorsqu'il cherche un vengeur, et saisit avec cet emportement sauvage le premier instrument de délivrance qu'il ait trouvé sous sa main.

On peut être homme d'esprit et ne rien comprendre à la démocratie. C'est un phénomène assez commun, Dieu merci ! qu'on a constaté à toutes les époques de crise, et qui ne s'est jamais accusé avec plus d'éclat qu'en ce moment. Si l'on faisait le partage des partisans et des adversaires du césarisme, on trouverait César assez pauvrement apparenté. C'est à peine s'il peut, dans ses jours de parade, montrer autour de lui une demi-douzaine de politiciens plus riches de bonne volonté que de crédit. Contre lui, tous les talents, toutes les renommées, toutes les influences, toutes les catégories républicaines, ou peu s'en faut, anarchistes, socialistes, radicaux, progressistes, ministériels, opportunistes, modérés, libéraux, sans compter les Athéniens du centre gauche, la Fronde des salons, la blague du boulevard, l'effarement des comptoirs et le dédain des châteaux. Toutes ces forces coalisées constituent l'élite des partis et représentent la part d'influence qu'on attribuait autrefois aux « classes dirigeantes ». Tout cela fait rage ensemble contre le « dictateur », et le crible, à qui mieux mieux, des traits les plus empoisonnés. Eh bien! il n'y a pas, dans nos provinces, un électeur sur cent qui s'en soucie! On peut tirer de ce fait, qui s'était produit en 1848 et qui se renouvelle aujourd'hui, dans la même forme, une loi : c'est que les coteries politiques ne sont que des phénomènes de surface dont la masse profonde du suffrage universel n'a pas même conscience, et que la vérité gouvernementale, dans une démocratie, consiste à prendre le contre-pied de tout ce que disent les politiques de profession.

A quoi les politiques ont le droit de répondre : — Qu'est-ce que cela prouve ? Simplement que le peuple est ignorant, borné, crédule, stupide, et que c'est un crime de confier les destinées de la patrie à des multitudes inconscientes. — C'est une opinion qui peut se soutenir, mais à condition de frapper préalablement le peuple de déchéance et de supprimer le suffrage universel. En lui substituant une oligarchie

éclairée et raisonneuse, composée, par exemple, des
abonnés aux feuilles les plus qualifiées pour façonner
l'opinion publique, on aurait un gouvernement fait à
l'image du Sénat, et je sais nombre de citoyens dont
les aspirations patriotiques ne vont pas plus haut.
Mais il faut renoncer à proclamer le suffrage universel tantôt infaillible et tantôt idiot, suivant les inspirations contraires auxquelles il obéit. S'il est souverain,
sa souveraineté veut qu'on le respecte dans toutes ses
manifestations, et ne supporte pas qu'on le juge. Je
sais bien que les majorités républicaines ne l'entendent pas ainsi. Elles le glorifient tant qu'il vote à leur
gré, et le couvrent d'ignominie lorsqu'il les contrarie.
C'est sur cette intermittence de discernement et d'imbécillité qu'est fondé le système des invalidations. Mais
il n'est pas de turlupinade qui dure, et peut-être serait-il opportun de renier le suffrage universel, avant
qu'il renie lui-même ceux qui l'ont si indignement
exploité.

Et cette réforme une fois accomplie, il resterait encore à savoir qui a raison du suffrage universel ou des
réformateurs. Bossuet a dit que le propre de la politique est de rendre la vie commode et les peuples heureux. On n'a jamais défini d'une façon plus exacte et
plus simple la véritable mission des gouvernements.
Comment la République l'a-t-elle remplie? On n'ose-

rait apparemment soutenir qu'elle nous a rendu la vie commode, puisque ses institutions, ses lois, son action gouvernementale n'ont eu d'autre objet que d'opprimer une bonne moitié de la nation. Quant à la somme de bonheur qu'elle a départie même aux siens, on peut s'en rapporter au verdict des départements jadis conquis par elle, et qui lui répondent aujourd'hui par l'expulsion.

Si le parti républicain avait une conscience, il se frapperait la poitrine et confesserait tout haut que l'assaut furieux qu'on lui donne n'est, en définitive, que la juste expiation de sa bêtise et de ses méfaits. Il y a douze ans qu'il détient la France, et depuis douze ans, la France ne se sent ni gouvernée, ni administrée, ni considérée. Abattue par la défaite, déchue du rang suprême où se complut si longtemps son orgueil, elle est visiblement excédée de cette foire aux appétits qui lui tient lieu de gouvernement. Tant d'infériorité la blesse et l'irrite ; tant d'incapacité la confond et l'écœure. Elle aspire violemment à la délivrance, de quelque part qu'elle lui vienne, et si les maîtres du pouvoir consentaient à interroger ses sentiments et ses intérêts sur le régime qui lui est fait, sa réponse ne serait qu'un immense cri de réprobation.

Contre la République ? Peut-être ! Mais, à coup sûr, contre les politiciens qui trompent avec ce cynisme la

confiance que le pays avait mise en eux. Entre tous
ceux qui assistent, depuis si longtemps, à ce déballage
d'impéritie fanfaronne et d'outrecuidante imbécillité
le plus violent dans ses colères et le plus àpre dans
ses revendications devrait être le parti républicain,
parce qu'il est le plus déçu. Et ce n'est pas tout à fait
sans raison que des radicaux, comme les amis du général Boulanger, mènent la charge contre la république officielle. Car c'est au sein de ces populations,
jadis les plus crédules et maintenant les plus trompées,
que leurs accusations doivent trouver le plus d'écho.
Dans l'esprit des simples, la république a une signifi-
cation idéale qui jure étrangement avec la réalité.
Liberté, égalité, fraternité, justice, abnégation, dévouement, progrès, réformes, travail et prospérité,
voilà la république ! Tyrannie, persécution, faveur,
égoïsme, bavardage, routine, cumul, voracité, dilapidation, chômage et misère universelle, voilà le gouvernement républicain ! On ne peut pas s'étonner après
cela que les malheureux s'irritent de ce brutal contraste entre le rêve et le réveil, et prétendent changer
de maitres, afin de changer de condition.

Cependant tous les sectateurs de l'idolàtrie républicaine, tous les malheureux dont la foi politique est
aujourd'hui réduite à l'adoration d'un nom, se révoltent à leur tour contre ces révoltés ; ils cherchent

éperdument les moyens de sauver leur idole, et ils n'ont encore trouvé rien de mieux que de se frotter ensemble. « Concentrons-nous ! se crient-ils les uns aux autres : il n'y a de salut que dans la concentration ! » Et après ? Lorsque vous vous serez concentrés, que vous aurez fondu dans la même étreinte le Centre et l'Extrême-gauche, marié M. Ribot à M. Floquet, que pensez-vous qu'il sorte de cet accouplement ? Simplement la concentration de vos haines, de vos rancunes, de vos terreurs, de vos égoïsmes et de vos incapacités ! La belle offrande à faire au pays pour apaiser ses colères et réparer vos torts ! Et quelle admirable idée de supposer que ce bon peuple de France qui a fait, par série, l'épreuve de vos vices et de vos méfaits, va les trouver aimables en les voyant coalisés !

Non, parlementaires ! Le mal dont vous souffrez et dont vous allez mourir procède d'un passé désormais irréparable, et il n'est pas d'expédient qui le puisse seulement enrayer. Votre république porte en elle des fatalités dont rien ne triomphera. Elle avait trop promis pour pouvoir tenir, trop exalté l'imagination populaire pour la discipliner, trop imprudemment caressé les aspirations ou les appétits de la démocratie pour l'acclimater à la misère. Sa popularité d'un moment, plus redoutable aux siens qu'à ses adversaires, était faite de mensonges, et l'heure devait venir où son peuple, plus pauvre et moins libre que jamais, demanderait compte aux prophètes de leurs promesses et de ses déceptions. Elle est maintenant venue, et ce règlement de comptes est votre arrêt de mort. Les plus confiants sont devenus les plus ardents à la révolte ; tous prennent en horreur cette longue duperie, et, par une de ces brusques oscillations propres aux populations exaspérées, tous vont du même mouvement à l'extrême de la République. D'un bout à l'autre de cette société lasse et crispée, l'appel à la dictature devient la formule de la réaction.

Et ne riez pas trop haut du dictateur, ô gens d'esprit, parce que vous provoquez ainsi des comparaisons désobligeantes. Ne dites pas surtout qu'il n'a rien fait, parce que c'est en cela précisément que consiste sa supériorité sur la troupe de politiciens faillis qu'il pousse à l'égout. Ceux là, certes, ont fait quelque chose ; mais on ne saurait relever dans l'œuvre qu'ils ont accomplie, depuis douze ans, ni une loi bienfaisante, ni une honnête action. Savez-vous bien que c'est, pour une homme politique, un titre inestimable à la confiance et aux sympathies du peuple que de n'être pour rien dans cette succession de sottises, de ruines, d'effractions, de méfaits, de crimes, de scandales et de hontes qui remplissent l'histoire du gouvernement républicain ?

Il n'a rien fait ? Ce n'est donc pas lui qui a opprimé nos libertés domestiques, plus augustes et plus chères que les libertés civiques, et fait peser sur la conscience française une tyrannie plus dure que celle d'un roi nègre, plus ignominieuse que celle des chiourmes; ce n'est pas lui qui a persécuté l'Eglise, pourchassé les prêtres, confisqué l'enseignement et empoisonné l'école ; ce n'est pas lui qui a gaspillé nos finances, dilapidé la fortune publique, vidé le Trésor et contracté dix milliards de dettes en dix ans; ce n'est pas lui qui a partout associé le népotisme, la faveur, le courtage et le pot-de-vin aux fonctions publiques, et converti le gouvernement en exploitation ; ce n'est pas lui qui a pillé l'Etat pour gorger ses favoris, et dressé ses fonctionnaires à n'être plus que des meutes de chasse, poursuivant les honnêtes gens comme les chiens poursuivent le gibier; ce n'est pas lui qui a introduit l'inquisition, l'espionnage, la délation, à tous les degrés de la vie sociale, et livré le repos, la sécurité, l'honneur, la propriété même des citoyens à des coteries de village plus féroces que des Peaux-Rouges ; ce n'est pas lui qui a marqué vos juges à l'épaule et fait de la justice une dépendance de la politique ; ce n'est pas lui enfin qui vient d'acquitter Wilson !

Tout cela est l'œuvre de votre gouvernement. Il

n'y a même que cela dans son histoire. Et ce n'est pas le trait le moins édifiant de la polémique républicaine que ces théoriciens de la liberté, qui couvrent d'anathèmes le vengeur présumé de nos épreuves, n'aient pas trouvé un mot de regret ou de blâme pour ceux qui nous les ont infligées. Concentrez-vous donc, puisque c'est là le régime que votre incurable égoïsme prétend perpétuer. Mais ne vous étonnez plus que la France ait d'autres aspirations. La popularité violente qui porte et entraîne le général Boulanger comme une inondation n'a point d'autre cause. Ce n'est pas sa dictature, encore grosse d'inconnu, qu'on acclame; c'est de vous qu'on ne veut plus. Ce que vous appelez un appétit de servitude n'est, en réalité, qu'une invocation furieuse au balai libérateur.

17 avril 1888.

LE PARLEMENTARISME

Il n'est guère, dans l'histoire de ce siècle, de faillite plus lamentable que celle du parlementarisme. Sous le tyran, comme on disait de Napoléon III, le gouvernement parlementaire était l'idéal de tous ceux qu'on appelait, dans le langage du grand siècle, les honnêtes gens, c'est-à-dire des délicats et des libéraux. Il semblait que la France ne dût jamais s'appartenir que lorsqu'elle serait gouvernée par des assemblées délibérantes, et comme c'était une nouveauté séduisante pour ce peuple toujours épris de beau langage, lorsqu'il vit sous la forte et féconde tutelle de gouvernants qui savent se taire, on s'était fait un programme de ces rêveries. Que d'esprit, de talent, d'éloquence et de savoir on a dépensé, sous ce régime barbare, pour nous conduire aux rayonnantes destinées qui nous sont échues après lui ! Nous l'avons enfin conquis, dans une révolution libératrice, le régime parlementaire, et tous les hommes d'État incompris que l'Empire refoulait systématiquement dans l'ombre ont pu donner toute la mesure de leur génie. Les honnêtes gens savent aujourd'hui ce qu'il valait !

Le pis est que les parlementaires, s'ils sont tous déçus, ne sont pas tous guéris. C'est dans le parti républicain qu'on résiste le plus âprement à cette marée de mépris et de dégoût qui monte du peuple au Parlement et menace de noyer la République tout entière sous le flot toujours grossissant de ses rancœurs. Les uns résistent par intérêt, parce que la République parlementaire est la seule carrière ouverte aux politiciens de profession ; les autres sont des esprits spéculatifs qui subordonnent la pratique, l'expérience et la réalité aux lois qui gouvernent leur esprit. Interrogez-les : ils continueront à vous dire que le gouvernement parlementaire est le régime nécessaire de la raison, de la justice et de la liberté ; qu'il est certainement, en son essence, le dernier mot de la science politique et qu'il n'y a rien de supérieur à lui. Il contient la vie nationale tout entière, et si loin que la civilisation la porte, à quelque degré que ce progrès puisse s'élever, elle ne s'y trouvera jamais à l'étroit. Il prévient les chocs, les collisions, les surprises, l'esprit d'aventure, les abus d'autorité du pouvoir. Il réalise enfin cette aspiration dernière des plus généreux et des plus sages esprits, le gouvernement du pays par le pays.

Notez qu'il a sur le régime autoritaire l'inestimable avantage de n'exiger de personne des vertus particulières. Il ne lui faut, au contraire, que des vertus communes : de la part du peuple, le respect des lois, et le respect du peuple, de la part de ceux qui les font ; une intelligence pratique et droite, un esprit pur de toute ambition égoïste et de toute obstination de parti, le tact de l'opinion et le sens de ce qu'elle exige, beaucoup de bonne foi et une inaltérable sincérité.

Il faut croire que ces vertus, toutes simples qu'elles paraissent, sont d'un commerce bien rare, puisque le régime parlementaire s'est trouvé n'être, dans sa pratique, que l'anthithèse grimaçante de tout cela. Régime de la brigue, de la conspiration louche, de l'intrigue incessante, des ambitions égoïstes, des compromis honteux, des transactions inavouées, des trafics inavouables, qui font de la Chambre toujours un théâtre et souvent un marché ; qui sacrifie les principes aux personnes, et la France aux coteries ; qui subordonne partout les intérêts généraux aux appétits individuels ; régime de politique misérable et d'agitation vaine dont Shakespeare a trouvé la devise : Beaucoup de bruit pour rien !

On arrive représentant du peuple, constituant,

souverain, l'âme toute pleine d'inspirations généreuses, de dévouement et de foi, ambitieux de grandes choses, impatient de les accomplir. On s'est à peine installé que le parlementarisme a déjà saisi sa victime. Il l'enlace, il l'étreint, refoule l'inspiration, paralyse la volonté; d'un mandataire du peuple il fait l'affilié d'une secte, d'un patriote un minuscule intrigant, d'un homme de bien le valet d'une coterie.

Il souffle dans son âme toutes les passions mesquines dont se repait l'esprit de parti; le sépare insensiblement du pays pour le cloîtrer dans cet ossuaire qu'on appelle un groupe; il couvre, en quelque sorte, sa libre personnalité d'une cloche à melons, et l'oblige à passer le reste de sa vie politique dans cette atmosphère opaque, poudreuse, étouffante et si chargée de chicane qu'un rat de greffe y mourrait asphyxié. L'esprit se racornit, se rétrécit, s'avilit au contact de cet affreux poussier, et tel qui vint l'âme ouverte, vive, ardente et libre s'en retourne avec la tournure et les mœurs d'un ganache qui devine des rébus, ou d'un bélitre qui fait des ronds en crachant dans l'eau.

Ce qu'il y a de particulièrement navrant, dans cette destinée, c'est que ces victimes de l'asphyxie parlementaire s'imaginent toujours penser, parler et vivre pour le pays lui-même; le pays de son côté regarde, écoute et ne comprend pas. Il cherche, en sa stupeur profonde, dans quel milieu factice et pour quel monde inconnu travaillent ces représentants du peuple qui s'adonnent à de pareils passe-temps. Que ne sortent-ils de leur prison pour se mêler au pays réel ? Que n'interrogent-ils le peuple incessamment au lieu de s'aboucher ensemble ? Que ne vont-ils chercher, des mansardes aux salons, des bureaux aux ateliers, le secret de ses pensées, des ses aspirations, de ses besoins, de sa volonté ? Ils apprendraient de lui ce que pèsent, dans son estime, les petites mécaniques que montent laborieusement les groupes, et peut-être changeraient-ils de politique en changeant de société.

A ces vices constitutionnels, qui ont leur principe dans l'humaine nature et qui produiront éternellement les mêmes effets, tant qu'ils trouveront un régime propice pour les nourrir, s'ajoute un des pires fléaux dont puisse être affligé un peuple : c'est l'abus de la parole. Il n'est pas un pays au monde où l'on parle autant qu'en France, et pas un non plus où l'on fasse moins de besogne. C'est à croire que nous habitons l'*Ile sonnante*, autrefois découverte par Rabelais. On parle dans les bureaux, on parle dans les commissions, on parle dans les réunions parlementaires, on parle dans les banquets politiques, on parle dans les comices, on parle sur les balcons et sur les bornes, on parle surtout à la tribune qui n'est faite que pour cela, et lorsqu'on arrive à la fin de l'année, que l'on récapitule l'œuvre accomplie, il faut constater qu'on a parlé non seulement pour ne rien dire, mais aussi pour ne rien faire.

Est-il une question qui ne puisse être élucidée en une heure? Je ne crois pas. Il n'est d'exception acceptable que pour la discussion générale des questions financières et économiques. Il y a là des intérêts tellement divers, des aspects tellement multiples, qu'on ne pourrait sans inconvénient réduire les développements qu'elles comportent. Je me souviens d'avoir vu M. Rouher employer tout près de deux séances pour discuter le tarif général des douanes, et l'on ne trouverait pas un passage de son discours que l'on pût retrancher sans dommage. Mais M. Rouher n'est pas remplacé, et les questions de cette envergure sont tout à fait exceptionnelles. D'une façon générale, on peut affirmer que tout orateur plus soucieux de précision et de netteté que de rhétorique peut traiter pleinement tout son sujet en moins d'une heure. Mais il n'est guère possible qu'on débite ainsi l'éloquence par tranches égales, et l'on ne se fait pas à l'idée de voir le président, à la soixantième minute, arrêter tout net l'orateur, au milieu d'une démonstration entraînante ou d'une péroraison pathétique.

Ce qu'il faudrait demander à nos parlementaires, c'est de ne pas vouloir être éloquents; c'est de discuter simplement, modestement, honnêtement les questions en elles-mêmes et pour elles-mêmes, et de se défendre d'y mêler les artifices de la réclame oratoire ou les calculs d'une ambition particulière. Car les discussions ne sont si longues et si vides, en France, que parce que chacun parle pour lui-même, pour son plaisir, pour sa vanité, pour sa renommée, pour son élévation. On parle par la fenêtre, pour que le pays entende, et que le nom de l'orateur, repercuté par les mille voix de la presse, s'impose à l'attention et à la mémoire du pays tout entier. C'est une excellente semence pour les ambitions pressées. Nous aimons naturellement la parole en France ; le génie de notre race est essentiellement oratoire ; il parle et aime entendre parler. Ce goût, qui est très noble en soi, est le pire de nos vices politiques. C'est par lui que nous nous sommes habitués à mesurer les qualités de nos hommes d'État à l'abondance de leur parole, et ce travers nous est doublement funeste; car, d'une part, il écarte de la scène politique ou réduit à l'inaction des hommes éminents, supérieurs, préparés par la méditation solitaire aux grandes choses, aussi capables de les réaliser que de les concevoir, mais incapables de les faire valoir par la parole, et obligés, par impuissance oratoire, de céder la place aux bavards. D'autre part, il produit une éclosion spontanée, continue, de hâbleurs sans étude et sans vergogne qui parlent pour masquer leur nullité sous l'éclat des phrases, et qui dédaignent d'apprendre, parce qu'ils savent qu'en France il suffit de parler pour satisfaire à tout.

Comment guérir ce vice ? Il tient au régime lui-même, autant qu'à notre nature : il ne faudrait pas moins que le renversement de la tribune pour sauver la France des bavards. Mais c'est là un remède héroïque qu'un gouvernement parlementaire ne saurait appliquer. L'empire, à ses débuts, l'avait employé. La tribune, qui provoque naturellement aux effets d'éloquence, avait été supprimée, la publicité des séances interdite ; le député parlait de sa place, et comme il savait ne parler que pour l'auditoire, il était naturellement net et court. Le *Moniteur* du lendemain publiait une brève et sèche analyse du débat, et c'est tout ce que le public savait de la vie parlementaire. Personne n'avait le droit d'être éloquent. Cette diète oratoire dura jusqu'en 1860 ; mais la France était lasse de ce silence. L'empereur ouvrit les digues, et l'éloquence parlementaire recommença à nous inonder ; elle nous noie aujourd'hui.

Je ne suis pas de ceux qui demandent qu'on ramène

l'éloquence politique au *carcere duro* de 1852. Il est bien certain que l'opinion publique, tout assassinée qu'elle est par les bavards, ne s'accommoderait pas aisément d'un pareil régime, Mais il y a certainement urgence à réformer nos mœurs parlementaires ; il y a urgence à protéger le travail et la discussion elle-même contre l'envahissement des parleurs. Autrefois, les députés parlants étaient rares dans les Chambres, et cette rareté tenait à une honnête et patriotique pudeur. Un député ne se hasardait à la tribune que lorsqu'il avait conscience d'y traiter en bons termes une question sérieuse et sérieusement étudiée. Un turlupin quelconque, déguisé par la misère des temps en député, s'en empare et s'y pavane aujourd'hui : il traite les questions les plus graves, sans les connaître, ou tout au moins, sans les avoir approfondies ; il multiplie les incidents, provoque même des scandales, sans que personne ait qualité pour s'en plaindre. La tribune a, parfois, des airs de tréteaux, et le public porte à ces jeux dégénérés la même curiosité familière, les mêmes appétits de plaisir qu'aux exercices des acrobates en plein air.

Mais il n'est point de spectacle, si pimenté qu'il soit, qui ne finisse par lasser son public, et nous en sommes là. Le dégoût du parlementarisme et des parlementaires nous est venu. D'un bout de la France à

l'autre, la réaction s'est reconnue, et elle monte franchement à l'assaut de ce régime inepte, impuissant
et déshonoré. Le discrédit ignominieux où il est tombé
ne permet plus qu'on le relève. Qui le remplacera?
Je l'ignore, mais quelles que soient les institutions qui
doivent succéder au parlementarisme, on n'imagine
pas qu'elles puissent jamais nous faire regretter cette
halle aux sottises.

22 mai 1888.

LES MODÉRÉS

Si l'on en croit la chronique parlementaire, les modérés de la République ne considèrent pas leur déroute comme définitive. Ils se disent toujours vivants et tiennent à le montrer. Ils protestent avec autant de conviction que d'aigreur contre la condamnation ignominieuse dont l'opinion publique les a frappés. On les croyait écrasés ; ils n'étaient qu'aplatis. Ce sont gens de tempérament élastique qui se redressent, dès que le pied insolent du vainqueur a cessé de peser sur eux. Aussi bien les journaux qui représentent leur cause, — si on peut appeler cause une politique purement spéculative qui n'a ni personnel, ni principes, ni programme, ni volonté, — les adjurent de montrer « une énergie virile » à l'occasion prochaine, et nos modérés, émoustillés par ces excitations belliqueuses, nous convient à venir voir comment ils feront mordre la poussière à l'orgueilleux M. Floquet. Ils attendent seulement, paraît-il, que le budget soit voté ; car ils ont besoin

d'approvisionnements solides pour la campagne décisive qu'il rêvent d'entreprendre. Après quoi les
peuples émerveillés apprendront de quel métal héroïque est faite l'âme d'un modéré.

Nous en recueillons la promesse avec plus de scepticisme que de foi. Mais enfin, si cet accident arrive,
nous le contemplerons avec une curiosité aisément
impartiale. Entre M. Floquet qui occupe le pouvoir
et M. Ribot qui aspire à lui succéder, nous n'avons
point de préférences. Nous prêterons, par devoir de
conscience et de patriotisme, nos suffrages aux modérés; mais nous n'irons pas jusqu'à faire des vœux
pour eux. Tout compte fait, ce sont eux qui sont les
ennemis les plus redoutables de l'ordre public, et l'on
peut dire, sans exagération, que la Commune elle-
même a été moins malfaisante en ses effets que
l'œuvre accomplie par le plus modéré des républicains.

Chacun d'eux a été le pionnier inconscient de la
conquête révolutionnaire dans la sphère plus ou
moins large où s'étendait son action. Ce sont eux qui
ont désagrégé les forces conservatrices, faussé la conscience du suffrage universel, ébranlé les traditions et
les doctrines sur lesquelles reposait sa foi politique,
troublé sa vue et mêlé ses voies. Ce sont eux qui ont
ouvert les brèches par où l'opportunisme, le radica-

lisme, le socialisme et l'anarchie finale ont passé, passent ou passeront. Ils ont été les premiers maîtres de l'indiscipline sociale, les catéchistes de la libre-pensée, les initiateurs de l'éducation révolutionnaire et les garants des politiques de proie qui marchaient derrière eux. Il n'est, dans l'histoire de la République actuelle, ni une sottise, ni un méfait, ni une ruine, ni un scandale, ni un péril qui n'ait son origine et sa cause dans la complicité inconsciente ou voulue des modérés.

M. Ribot rappelait l'autre jour les services que sa famille politique avait rendus à la République, et c'était encore trop de modestie. Il avait le droit de dire que la République a été son œuvre, et qu'elle leur doit tout ce qu'elle est et tout ce qu'elle sera. Car, sans eux, elle n'eût pas même commencé d'exister. Avant eux, le parti républicain n'était qu'une bande d'agitateurs sinistres, impuissants et redoutés, qui servaient d'épouvantail aux gouvernements établis. Si ces *outlaws* d'hier sont devenus, en quelques années, le gouvernement de la France, c'est que les modérés leur ont servi de caution.

Ce sont des Athéniens, dit-on, aimables, polis et pas méchants. — Sans doute ; mais ce sont des Athéniens qui ont déserté l'Attique pour aller planter leur tente en Béotie, et leur responsabilité précisément dérive de cette aliénation violente de leurs principes, de leurs mœurs et de leurs goûts au profit des pandours. Les républicains du centre sont des conservateurs qui, professant, en toute matière, les mêmes idées que les monarchiste le plus endurci, prêtent aux ennemis les plus brutaux de ces idées le concours de leur personne, de leur parole, de leur vote, de leur influence et de leur considération !

Si cette aberration ne nuisait qu'à eux, ce serait assez de les prendre en pitié ; mais dès que c'est la France qu'elle ruine, elle devient un crime. Pour prendre mesure des responsabilités qui leur incombent, il suffit de comparer, par la pensée, l'état actuel de la France à ce qu'il pourrait être, et l'on comprend alors qu'il soit difficile de parler avec sang-froid de de cette race de politiciens bornés, têtus et débiles qui l'ont réduite à cette détresse.

Si le centre gauche n'eût pas existé, nous aurions un gouvernement, une administration, un budget, un droit public et privé, une justice, des institutions, des lois, des mœurs et de l'ordre. Et nous aurions, avec cela, les biens qui en dérivent, c'est-à-dire l'honneur au dehors et la paix au dedans, le crédit, la confiance, le travail, la richesse et la sécurité. La conscience serait libre, la rue serait propre, l'école serait saine ; les jeunes générations ne seraient pas empoi-

sonnées dès l'enfance et obligatoirement préparées
par l'enseignement matérialiste, aux misérables destinées qui attendent les peuples sans discipline et
sans foi. Nous n'aurions pas gaspillé quinze milliards
en pure perte ; cinq cents millions d'excédant dans
nos recettes nous eussent dès longtemps permis de
dégrever le travail national des charges qui l'accablent, et de soutenir victorieusement la concurrence
de l'étranger sur tous les marchés du monde. La
stabilité de notre polititique intérieure ferait la sûreté de nos rapports internationaux. L'Europe connaîtrait les noms de nos ministres et trouverait en
eux une diplomatie solide et durable. Elle n'eût pas,
enfin, assisté à cette succession de cabinets carnavalesques qui ont transformé la première scène du
monde en tréteaux de foire.

Oui, nous jouirions aujourd'hui de cette fortune
éclatante, si le centre gauche n'eût jamais existé. Il
est seul responsable des biens qui nous manquent et
des maux qui nous accablent, parce qu'il est le seul
qui ait trahi sa cause.

L'opportuniste est un spéculateur, le radical un sectaire, le communard une écume sociale ; les uns et les
autres obéissent à la loi de leur nature. Il faut les combattre ; on ne peut leur en vouloir. Il est naturel, et
logique, et fatal que la république, aux mains de ces

gens-là, produise la démoralisation, la violence et la bestialité, comme un pommier donne des pommes et le printemps des fleurs. Ce qui n'est pas naturel, c'est que le centre gauche, qui n'avait ni les mêmes idées, ni les mêmes goûts, ni les mêmes instincts, ni le crâne fait de même, soit entré délibérément dans cette ménagerie pour s'y affubler d'une peau de fauve, et piller de concert les honnêtes gens qui n'avaient d'autre tort que de penser comme lui. Il est le seul dans la république qui ait joué le jeu d'autrui, le seul qui ait fait abandon de sa personnalité, de sa conscience et de son honneur pour hurler avec les loups, et livrer à nos bourreaux communs l'avenir de la patrie, la sainteté de son foyer, l'âme même de ses enfants. Quand on sait de quel prix nous avons payé ses complaisances, on est peut-être excusable de témoigner quelque aigreur d'un pareil aveuglement.

Aujourd'hui ces malheureux ne sont plus rien dans la République qu'ils ont faite, et ils gémissent sur leur infortune. Ils auraient tort de compter sur nous pour les aider ou les plaindre. Il ne sont plus redoutables, il est vrai, mais ils sont toujours nuisibles. C'est une race encombrante qui, précisément parce qu'elle n'a ni direction ni volonté, se jette éperdûment dans les jambes des autres, et gêne tout le monde, sans savoir se servir elle-même. Tout anéantis et conspués qu'ils

sont, ils tiennent de la place, comme s'ils étaient encore quelque chose. Ils entravent l'effort de ceux qui
marchent, barrent les routes, masquent les solutions,
entretiennent le gâchis révolutionnaire, et condamnent le pays qui voudrait en sortir, au piétinement
indéfini.

Qu'est-ce qu'un modéré ? C'est un homme qui pense
en conservateur et agit en républicain. Il n'est pas un
point de politique intérieure ou extérieure sur lequel
il ne soit d'accord avec nous; mais il n'est pas une
occasion où, forcé de choisir entre sa conscience et son
parti, il ne sacrifie les idées qu'il professe à la cocarde
qu'il porte. Cette contradiction chronique entre les
sentiments qui l'animent et la conduite qu'il tient, l'a
mis en mauvaise posture auprès de tous les partis.
Elle explique l'insurmontable aversion que les radicaux et les conservateurs lui ont vouée. Pour les conservateurs, les modérés sont des transfuges ; pour les
radicaux, ce sont des gêneurs ; de part et d'autre, on
éprouve un désir égal de les voir exterminés.

C'est, d'ailleurs, le sentiment ordinaire qu'inspirent
tous les parasites. Le communard est assurément plus
farouche ; mais, au moins, il a ses raisons d'aimer avec
frénésie la République, puisqu'il attend d'elle, ou des
révolutions qu'elle comporte, les brutales satisfactions
auxquelles il aspire ; le radical n'est pas moins logi-

que, s'il est vrai que l'état républicain cadre seul avec les principes de gouvernement qu'il professe. Il n'est pas jusqu'à l'opportuniste qui, tout dénué de principes qu'il est, n'en trouve pas moins dans la République le moyen d'assurer son règne. Les modérés seuls ont le triste privilège de jouer le jeu des autres, à leurs propres dépens, de faire tout ensemble les affaires du communard, du radical et de l'opportuniste, sans autre profit que de subir leurs chiquenaudes, de geindre sous leurs coups, et de préparer, en fin de compte, des révolutions dont ils seront les premières victimes.

Ils s'appellent modérés et ne sont que médiocres. Ce sont des êtres de demi-caractère, incomplets et nuageux, à qui manquent la netteté des esprits certains et la virilité des tempéraments entiers. Ils ont des idées et pas de principes, des vues universelles et pas de programme, des intentions et pas de volonté, de l'innocence et pas de vertu. Ne leur dites pas que le nom qu'ils portent est par lui-même une absurdité, parce qu'on n'est pas plus modérément républicain que modérément monarchistes, qu'il faut l'être tout à fait ou pas du tout. Ils n'entendent rien à la logique. La République pille, sape, opprime, détruit, outrage toutes les vérités qu'ils enseignent, et c'est la République qu'ils recommandent! La monarchie proclame,

protège, honore tout ce qu'ils font profession d'ado-
rer, et c'est la monarchie qu'ils condamnent ! Comme
ils se tiennent à mi-chemin de tous les partis, ils ont
l'outrecuidante ambition d'être le centre où toutes les
opinions se rencontrent, et rêvent d'accouplements
impossibles, comme de marier, par exemple, les bre-
bis avec les loups, Venise avec le Grand Turc, et la
République avec le parti conservateur. D'où le jugement universel qu'on pourrait formuler en axiome :
— Tout républicain modéré est un imbécile.

Notez qu'il peut être, à titre privé, homme de
science, de talent et d'esprit. Le Centre gauche, qui
est le nid où éclosent ces phénomènes parlementaires, fourmille d'illustrations variées et de bon aloi.
Orateurs, écrivains, philosophes, savants, politiques
et surtout hommes d'Etat toujours disponibles, il en
possède assez pour en doter tous les autres partis.
Mais le talent, le science et l'esprit sont des dons par
eux-mêmes inutiles, s'ils ne sont mis en œuvre par
cette qualité maîtresse qui est le caractère. Or le caractère est la qualité qui manque uniformément à ces
grands hommes, et voilà pourquoi le Centre gauche
est la risée du monde.

Ce sont ces gens-là pourtant qui parlent de livrer
un nouvel et décisif assaut au radicalisme, en voulant bien nous appeler à la rescousse. Nous leur sou-

haitons bon courage et bonne fin, sans nous faire illusion, d'ailleurs, sur l'issue de l'entreprise. Et pourtant, si l'on eût vu surgir de ce marais, un homme
ayant assez de lumière dans l'esprit ou de courage
au cœur pour fixer les limites de la République et
combattre implacablement tous les cabinets républicains qui l'auraient dépassée, peut-être, dans le désarroi universel, et sous l'obsédante influence du besoin qui nous pousse à invoquer la force et l'autorité
partout, peut-être cet homme eût-il suffi à fonder un
gouvernement et à lui donner pour cadre tout ce
qu'il y a d'honnêtes gens en France ! Mais le Centre
gauche ne façonne point ses fils à tant d'héroïsme,
et nos modérés ne se sont fait connaître encore que
par une politique fuyante, fondante, humiliée, dont
l'histoire est toute en capitulations.

Quant à nous, nous savons où nous allons et nous
avons, Dieu merci, bon espoir de parvenir où nous
voulons aller. S'il plaît aux modérés de s'associer à
notre entreprise, ils se feront honneur et nous feront
plaisir. Mais il faut qu'ils renoncent à l'ambition de
nous conduire. Leur route est semée de trop d'accidents pour qu'on se risque à les prendre pour chefs
ou pour guides. — Messieurs, disait l'autre jour M. de
Mackau à l'Union des droites, le moment est pro-
che où vous aurez le grand devoir et la lourde respon-

sabilité de réparer le mal qui a été fait. — C'est, en effet, la tâche que nous nous sommes assignée, et nous comptons qu'aux élections prochaines, le pays nous donnera le moyen de la remplir. Mais il faut, pour mériter un pareil mandat et justifier sa confiance, un dessein plus ferme et des volontés plus tendues que les modérés n'en sauraient montrer. C'est pour cela que nous ne répondons pas à leur appel. « On ne s'appuie que sur ce qui résiste, » dit un sage. Que M. Ribot me permette de joindre à ce conseil ce joli mot de Beaumarchais : « Celui qui s'appuie sur un roseau ne doit pas s'étonner qu'il se brise et lui perce la main. »

23 octobre 1888.

M. FLOQUET

M. Floquet paraît appartenir à cette catégorie d'hercules de foire qui développent des biceps énormes pour soulever des poids en carton. C'est par ces grâces foraines qu'il se recommande à l'admiration publique, dans l'exercice du pouvoir, et il prête ingénument aux autres le contentement orgueilleux qu'il en éprouve. Si jamais la postérité lui élève des statues, elle devra, pour le faire ressemblant, le représenter dans la posture ramassée et sereine d'Atlas portant le monde. Le fardeau que M. Floquet porte sur ses épaules est plus vaste et plus beau : c'est la Révolution française, et il ne dédaigne pas de laisser voir que la nature l'avait formé tout exprès pour cette imposante fonction.

Béranger avait dit de Manuel :

Cœur, tête et bras, tout était peuple en lui.

Chez M. Floquet, tout est en bronze, principalement la tête. Il est celui qui ne change jamais ; les principes qu'il professe sont d'un âge aussi respectable que le style dont il les habille. On n'a pas assez remarqué sa phrase sur « le manteau troué de la dictature ». Les métaphores de cette espèce sont des traits d'éducation qui peignent un homme. On parlait ainsi aux temps déjà lointains où M. Floquet faisait ses premières dents; ministre à soixante ans passés, il n'a point changé de formule. C'est apparemment ce que M. le président du conseil appelle avoir de la fixité. Le malheur est que la solennité un peu superbe qu'il met dans les formules ne le sauve pas des turlupinades dans la conduite. C'est principalement à table que l'on reconnaît le véritable amphitryon; de même les vrais principes sont, non point ceux que l'on professe, mais ceux que l'on applique, et le jeu de M. Floquet consiste précisément à nous dire qu'il a des réformes plein la tête, mais qu'il craint de s'enrhumer en les exposant à l'air.

Le plat qu'il nous a servi l'autre jour, pour ses débuts, n'était qu'un trompe-l'œil; je dirais que c'était une farce, s'il était permis de traiter en fumiste un personnage de cette envergure. Il nous a fait deux discours pour nous apprendre, dans le premier, que Floquet le républicain était le Messie dès longtemps attendu de la rédemption démocratique, le pionnier du progrès, l'initiateur des réformes, le

prophète de la marche en avant, et dans le second,
que Floquet le ministre ne ferait rien de tout de ce
qu'il nous venait d'annoncer. Les radicaux l'ont fort
applaudi dans son premier rôle; mais les opportunistes l'ont trouvé, dans l'autre, irrésistible; puis,
ces quatre cents Gaspards, également charmés, se
sont unis dans le même témoignage de confiance
qu'un bon jeune homme avait eu la précaution de
rédiger en canaque, afin d'être plus sûr qu'il ne
blesserait les convictions de personne. Voilà pourtant à quelles pantalonnades foraines, que dédaigne-
raient des pitres de profession, s'exerce la représentation parlementaire et républicaine, pendant que
son peuple exaspéré s'impatiente et pousse des cris
de mort sous ses fenêtres. Et ces honnêtes gens s'é-
tonnent et s'indignent que l'on crie maintenant partout: « Vive Boulanger ! » Mais Boulanger n'eût-il
d'autre mission providentielle que de démolir cette
baraque, d'effondrer ces tréteaux avec les turlupins
qui les occupent, qu'il légitimerait toutes les espérances qu'on a mises en lui, et aurait droit, d'avance,
à toutes les ovations.

Le Sénat, de son côté, a eu l'audace insolite de
demander à M. Floquet quelques éclaircissements
sur sa politique. Il s'est rencontré, dans ce royaume
des ombres, un nouveau venu qui a secoué son lin-

c eul et s'est tranformé en interpellateur. Leur dialogue rappelle la consultation du docteur Trouillogan à qui Panurge demandait s'il se devait marier.

— M. le président du conseil, a dit M. Trarieux, je voudrais vous interroger sur votre programme ministériel. J'espère que les explications que vous nous devez seront aussi claires que mes questions? — Elles seront, a répondu M. Floquet, claires comme de l'eau de roche. — A la bonne heure! Et tout d'abord, est-il vrai que vous soyez partisan de la révision? — Il n'est pas impossible. — Et quels sont, s'il vous plait, les points que vous voulez modifier? —J'y penserai. — Vous nous avez aussi invités à nous mettre en marche? —Il y a de l'apparence. — Mais où voulez-vous nous conduire? —Selon la rencontre. — Pensez-vous à !réformer notre organisation judiciaire? — Par aventure. — Et le régime de l'impôt? — J'écoute. — Ne méditez-vous pas d'abandonner au conseil municipal la police et la garde de Paris? — Je m'entends. — On dit que vous préparez la séparation de l'Eglise et de l'Etat? — Tarabin, tarabas. — Et comme quelques-uns murmuraient, M Floquet s'est écrié superbement: — Comment! vous ne trouvez pas cela limpide?... — Il s'est rencontré cent cinquante sénateurs pour décider que le Sénat n'avait pas droit à plus de lumière, et que

cela suffisait à leur curiosité. Après quoi, le Sénat a
repris son air de nécropole où se promènent silencieusement des formes vaporeuses qui furent autrefois des hommes.

Umbræ ibant tenues simulacraque luce carentum.

Si l'obscurité volontaire où se cache M. Floquet
n'était qu'une ironie, le parti-pris d'un chef de gouvernement qui a des desseins nettement arrêtés et
ne veut s'en ouvrir qu'à l'heure par lui choisie pour
leur exécution, on pourrait l'excuser, l'admirer
peut-être, et son irrévérence envers la haute assemblée passerait pour être le masque de sa profondeur.
Le malheur est que M. Floquet n'en pense pas plus
qu'il n'a dit. L'importance ingénue dont il déborde
ne laisse aucun doute sur sa sincérité. Il croit certainement que sa politique est aussi claire qu'elle lui
paraît grandiose. Les formules lui tiennent lieu d'i-
dées : les boursoufflures révolutionnaires dont il est
gonflé lui paraissent constituer un programme, et il
s'imagine innocemment qu'il n'a qu'à paraître dans
la politique pour que tout le monde soit édifié sur
ses œuvres à venir. Edifié, c'est bien possible ; mais
autrement qu'il ne le pense. Le jour de sa séance
d'ouverture, après le discours double dont il nous a
régalés, j'ai entendu un républicain porter sur lui ce

jugement sommaire : — C'est un sous-Brisson. — L'appréciation m'a paru cruelle. J'avais toujours pensé qu'au dessous de M. Brisson, il n'y avait que l'abîme.

Ce sont, à vrai dire, personnages de la même famille. Ils sont consanguins par l'esprit, sinon par l'humeur. M. Floquet se détend à l'occasion et rit volontiers ; M. Brisson jamais. Mais, à part cela, c'est chez l'un comme chez l'autre, le même républicain gourmé, doctrinaire et tendu, dont la parole plus gonflée de vent que d'idées trahit une préoccupation exclusive de la tradition révolutionnaire et rappelle le ton emphatique et suranné des prophètes de la Montagne. L'éducation politique de M. Floquet est étroitement renfermée dans cette période. Il ne voit ni plus haut ni plus loin, et l'on a pu dire avec raison que le gilet de Robespierre qu'il avait retrouvé était à lui seul tout son évangile.

Cependant la présidence semblait l'avoir transfiguré. Au lieu du conventionnel guindé que nous nous étions habitués à voir siéger, comme un vivant principe, sur les bancs de la gauche, ou dégorger à la tribune, en harangues prétentieuses, la politique qu'il avait apprise à l'école des Jacobins, on avait vu paraître un homme d'esprit et de belle humeur, simple, avenant, courtois et très moderne, impartial autant qu'homme peut l'être, grave sans pédanterie, plaisant sans vulgarité, spirituel souvent, bref, un digne successeur de M. de Morny, s'il est permis de le rattacher à un pareil ancêtre, sans le désobliger. L'horizon s'élargit à mesure qu'on s'élève : il semblait que M. Floquet eût vu se produire ce phénomène en lui, le jour où il était monté au fauteuil présidentiel, et qu'en disciplinant les passions qui s'agitaient au dessous de lui, il eût appris à dominer l'esprit de secte dont il était imbu.

Ce n'était malheureusement qu'une apparence. En touchant le pouvoir, M. Floquet a perdu toutes ses grâces, et il est redevenu le génie bouffi, sonore et creux que son chapeau légendaire désignait naguère à l'admiration des foules. Il s'est produit dans son personnage une mue soudaine et singulière qui ravirait un psychologue de profession. Au fauteuil présidentiel M. Floquet avait la tenue et les allures d'un homme d'esprit; depuis qu'il est ministre, il sauve le Capitole tous les matins.

24 avril 1883.

L'EMPEREUR GUILLAUME Ier

C'est avec une curiosité grosse d'angoisses que les gouvernements et les peuples observent le changement de règne qui vient de s'accomplir en Allemagne, et les changements politiques qui peuvent s'ensuivre. Tous ceux qui portent la parole ou tiennent la plume interrogent l'avenir et s'étudient à répondre de leur mieux à l'anxiété publique. Mais il n'y a plus d'oracles. Les événements déjouent à plaisir la prévoyance humaine, et c'est toujours l'imprévu qui gouverne le monde. On ne sait, à vrai dire, ce qu'il adviendra de l'héritage de l'empereur Guillaume ; mais on sait ce que l'empire d'Allemagne perd en lui, et peut-être le meilleur moyen d'apprécier et de mesurer sa disparition est-il d'examiner la part toute personnelle qu'il tenait dans l'empire, et qui le suit dans la mort.

C'était une haute et puissante figure, comme il ne s'en montre qu'à de rares intervalles dans le cours des siècles. Les effroyables épreuves qui nous sont venues de lui ne nous ont pas rendus injustes envers sa mémoire, et c'est peut-être en France qu'il a été le mieux loué. La pratique journalière des avortons qui occupent chez nous la scène n'a pas tellement abaissé nos regards que nous soyons devenus insensibles à la grandeur des autres. Nulle part la majesté souveraine de ce chef d'empire n'a été saluée avec plus de respect que chez ce peuple de vaincus dont la chair humiliée et meurtrie fut le piédestal de sa grandeur. Plût à Dieu que cette justice généreuse nous pût instruire autant qu'elle nous honore ! Il y a des leçons de plus d'une sorte, dans cette destinée triomphale, et la première peut-être est d'avoir enseigné, par un exemple de trente ans, aux chefs de parti comme aux chefs d'État, que le secret de toute fortune politique et de toute grandeur morale est l'unité de caractère et l'unité d'action.

Ce souverain qui meurt chargé d'années et chargé de gloire, après avoir atteint aux plus hauts sommets de la puissance humaine, n'était rien moins qu'un homme de génie. Il n'avait aucun de ces dons éclatants qui mettent un homme hors de pair, provoquent l'enthousiasme et commandent l'admiration. C'était une intelligence simple, lucide, ouverte, plutôt moyenne que supérieure, mais admirablement disciplinée, réglée par une volonté rigide, et dont le parfait équilibre n'a jamais marqué, de l'enfance à la mort, la moindre oscillation. Il n'eut jamais qu'une idée et qu'une passion. Sa passion fut l'armée, qu'il façonna longuement au rôle d'instrument de sa grandeur future ; l'idée, c'était l'unification de l'Allemagne, la restauration de l'Empire, sous l'hégémonie prussienne. On sait l'armée qu'il a faite et l'œuvre qu'il a réalisée.

Il croyait avoir mission pour cela. Le conquérant se doublait en lui d'une sorte de missionnaire armé du glaive par le ciel même, et chargé d'exécuter ses décrets ici-bas. Lorsqu'il coiffa la couronne royale, à Kœnigsberg, il dit très haut à ses peuples qu'il la tenait de Dieu seul, ce qui le déchargeait préventivement du soin de leur rendre des comptes. Et jamais roi de droit divin ne montra sur le trône un souci plus sévère de ses prérogatives, un dédain plus hautain des pouvoirs qui n'émanaient pas de lui. De même, lorsqu'il faisait la guerre à l'Autriche, et dépossédait, à son profit, les rois et les princes de la Confédération germanique, c'est en Dieu qu'il trouvait la force d'accomplir ces violences sacrilèges contre le droit monarchique dont il était le représentant. On a raconté qu'il pleura en signant le décret qui supprimait le trône de Hanovre et incorporait ce royaume à la Prusse. Mais le décret lui venait d'en haut et l'obligeait ; c'est religieusement qu'il s'en faisait l'exécuteur. Les conquérants ont, d'ordinaire, moins de scrupules, et toute leur politique s'explique par cette profession de foi que Schiller a mise dans la bouche de Fiesque : « Il est honteux de vider une bourse. Il y a de l'imprudence à manquer à sa foi pour un million. Mais il y a une inexprimable grandeur à voler une couronne. La honte diminue quand le forfait grandit. »

Cette morale, qui est propre aux gens de guerre de tous les pays et de tous les temps, n'eût pas trouvé accès dans l'esprit de Guillaume de Prusse, bien qu'il l'ait ouvertement pratiquée. Le piétisme profond dont il était imbu corrigeait, à ses yeux, les brutalités sanglantes de sa politique, et sa foi dévastatrice offrait en sacrifice à Dieu le mal qu'il faisait aux hommes. Ces organisations mystiques sont particulièrement redoutables à l'humanité. La vision qui les mène étouffe tout scrupule, et elles vont, avec une pieuse sérénité, jusqu'au bout des plus atroces entreprises, sans avoir un seul instant conscience des ruines et des douleurs qu'elles sèment sur leur passage.

On a besoin de se souvenir que l'empereur Guillaume fut un homme de foi plutôt qu'un homme de proie pour que les hommages rendus à sa mémoire ne se changent pas, au moins chez nous, en cris d'exécration, lorsqu'on pense à la destinée qu'il a faite

à l'Alsace-Lorraine. La conquête de ces deux provinces ne fut qu'une erreur de l'ambition allemande.
Mais le traitement que l'empire inflige à ces populations restées fidèles à la patrie française est un crime
de tous les jours. Il y a dans le génie allemand un
fond de sauvagerie que la civilisation polit sans l'en-
tamer, et qui se révèle là dans toute sa crudité native.
La loi qu'on applique à l'Alsace-Lorraine est un retour à la barbarie toute pure. Il n'est rien, dans l'histoire des tyrannies les plus odieuses, qui soit plus
odieux que cette basse et féroce oppression. On voudrait, pour l'honneur de l'empereur, qu'il l'eût
ignorée. Car ce n'est pas assez de montrer à l'Allemagne, comme on le fait tous les jours, que cette aliénation violente des âmes est une faute et un péril : il
faudrait lui faire sentir que c'est surtout une honte.

Et ce n'est pas le seul anachronisme qui se révèle
dans l'œuvre impériale. Tant que l'architecte a vécu,
on n'a pas voulu s'apercevoir des vices de l'édifice.
L'empereur absorbait l'empire, et l'éblouissant prestige qui rayonnait autour de lui hébétait le regard.
La gloire, la puissance, la suprématie, la jouissance
orgueilleuse et toute fraîche des biens conquis ensemble, la majesté de l'âge superposée à la majesté
du trône, la dignité sévère de la vie jointe à la plus
touchante simplicité, la piété attendrie et l'universelle

adoration du peuple pour l'homme qui personnifiait l'Allemagne ainsi transfigurée, tout jetait un voile décevant sur l'œuvre accomplie et cachait sa fragilité. Mais il est peu de ces immunités qui lui survivent. L'empereur mort, le mirage s'est éteint, et l'empire d'Allemagne, tout glorieux et fort qu'il reste, n'apparait plus aux yeux dessillés que comme une création artificielle, archaïque et fatalement éphémère, destinée à disparaître sous l'action mystérieuse des idées, alors même que la main des hommes n'y toucherait pas.

L'empire d'Allemagne est une autocratie, et cela seul présagerait sa ruine. Quels que soient les besoins de dictature dont souffrent parfois les peuples, ils n'abdiquent jamais pour longtemps. On pourrait théoriquement soutenir qu'un tyran intelligent et bon, comme l'a écrit un jour M. Renan, convient mieux à leur bien qu'un pouvoir partagé et fondé sur une démocratie. Mais ce sont là des opinions de lettré qui n'ont aucune chance de faire leur chemin dans la conscience des sociétés de notre temps. Les peuples ont conquis et proclamé presque partout leur droit à se gouverner eux-mêmes, et les Allemands ne sont pas en retard sur ce mouvement d'émancipation qui transforme le monde. Un souverain de trempe extraordinaire et servi par des hommes de génie a pu confisquer, pour un quart de siècle, les droits, les libertés, la conscience même de son peuple, et lui donner, à force de gloire, l'illusion qu'il gouvernait et régnait en lui. Mais il n'est pas d'ivresse qui dure. Le souverain meurt, ses conseillers le suivent, et lorsque l'édifice gigantesque s'est vidé des demi-dieux qui l'habitaient, il se trouve hors d'usage, à raison même de sa grandeur démodée, comme ces forteresses féodales dont on ne peut faire qu'une caserne ou une prison.

Il serait absurde de croire que le peuple allemand se résignera longtemps à supporter ce joug de fer qui l'opprime, le ruine et le stupéfie. La gloire seule l'a soutenu jusqu'à ce jour. Mais la gloire a beaucoup perdu de sa valeur, depuis que les ingénieurs ont pris la place des soldats, depuis que les spécialistes ont usiné la guerre, et que la victoire, au lieu d'être le prix des aventures héroïques et du courage heureux, est devenue le lot des gros bataillons et le secret des guets-apens les plus adroits. L'enthousiasme irréfléchi des foules fait aisément un sceptre de l'épée d'un héros, et nul peuple n'a plus que nous témoigné de ces entraînements généreux. Mais on ne s'accoutume pas à vivre sous la baguette d'un sergent instructeur, dont toute la fonction consiste à façonner des millions d'hommes au rôle de machines à tuer.

On peut donc prévoir, à court terme, une réaction violente de l'esprit de liberté contre le militarisme étroit et brutal qui régit l'Allemagne, et le seul homme qui pût en soutenir le choc vient de descendre au tombeau. Il y avait huit cent mille voix socialistes aux dernières élections du Reichstag ; quel en sera le nombre aux élections prochaines ? Et que servira-t-il à l'empire d'être si formidablement armé contre les nations voisines, lorsque la révolution fera le siège du pouvoir, sur son propre domaine ? Il n'est pas certain, d'autre part, que l'Empire soit tellement homogène qu'il ne se produise, à l'occasion, quelques déchirements entre les éléments variés qui le composent. L'esprit particulariste est resté vivace dans les petits États dépossédés de leur autonomie et de leur dignité de peuples, au profit de l'hégémonie prussienne. Le prestige personnel de l'empereur Guillaume, cimenté dans le sang versé ensemble et dans la gloire commune, en pouvait prévenir les explosions. La main moins auguste et moins forte de ses successeurs ne les étouffera plus.

Il n'y a donc, à première vue, rien à redouter, pour la paix du monde dans l'événement qui vient de s'accomplir et dans le développement normal des conséquences qu'il doit porter. Ceux qui croient connaître l'héritier de l'empire voient, en outre, une garantie dans l'esprit libéral et pacifique dont on le dit pénétré. Ce n'est là, malheureusement, qu'une assurance momentanée que le mal implacable dont il est atteint rend terriblement précaire. Il faut regarder plus loin que lui pour envisager l'avenir avec quelque sûreté. Au-delà de ce règne fatalement éphémère, on en voit poindre un autre qu'il serait injuste d'accuser avant l'heure, mais dont il convient de se méfier. Ce n'est point sans combat que les champions de l'Allemagne militaire et féodale laisseront l'esprit des temps nouveaux saper les institutions qu'ils ont élevées, détruire pièce à pièce l'œuvre immense et monstrueuse qu'ils ont accomplie. S'il leur faut une diversion violente pour écarter les périls intérieurs qui les menacent, ils n'hésiteront pas à la chercher dans la guerre. Il est prudent de nous y préparer.

13 mars 1888.

DEVANT L'ÉTRANGER

On ne se préoccupe pas assez chez nous de la situation qui nous est faite par l'opinion publique du dehors. Nous nous connaissons mal nous-mêmes, et ne savons rien des sentiments que les autres professent envers nous.

On s'émut et l'on s'étonna beaucoup en France de la sortie insolite que se permit M. Tisza, il y a trois mois. L'émotion était légitime. Il y avait là un parti pris d'injustice et d'insolence auquel on ne se résigne guère, alors même qu'on doit s'attendre à tout. Mais l'étonnement était de trop. Tous les étrangers, sauf de très rares exceptions, regardent la France avec les yeux de M. Tisza, et ceux-là mêmes qui nous conservent une sympathie sincère s'en expriment à peu près dans les mêmes termes. Il n'y a qu'une différence de ton dans le jugement qu'ils portent. Ils traitent avec une affectueuse commisération ce que nos ennemis attitrés traitent avec le parti pris de l'aversion et du mépris.

C'est cela précisément que nous avons le tort d'ignorer. La bonne opinion que nous avons de nous-mêmes ne nous laisse pas la liberté de songer aux spectacles que nous offrons aux autres. Et cette bonne opinion n'est pas, à tous égards, illégitime. Il est incontestable qu'en dépit de nos mœurs politiques, qui sont l'étonnement du monde, la France est plus humaine que ses voisins, et que le génie bienveillant, aisé, souriant, heureux, qui fit d'elle, pendant de longs siècles, l'éducatrice des peuples, s'il a quelque peu perdu de ses grâces, n'a rien abandonné, du moins, de ses inspirations. Il y a toujours chez nous une ouverture d'esprit plus large, un sentiment plus exact et plus généreux de la solidarité humaine, un souci plus impérieux du droit, de la justice et de la liberté, une conscience plus haute des obligations mutuelles qui doivent présider aux rapports des peuples et au développement de la civilisation dans le monde.

On pourrait en trouver la preuve jusque dans les incidents diplomatiques récemment soulevés contre nous. Sans doute, ils laissent à nos adversaires l'avantage des mauvais procédés et des mauvais propos ; mais c'est un genre de succès dont on ne peut ni partout ni longtemps s'enorgueillir. Il y avait plus de dignité et de force, par exemple, dans la réponse de notre gouvernement, qu'il n'y avait d'insolence dans la sortie de M. Tisza. Il n'est pas jusqu'à ce misérable incident de Massaouah, que M. Goblet a témérairement soulevé et conduit plutôt en avocat qu'en diplomate, qui, sans être un triomphe, ne se termine avec honneur; car c'est un honneur encore que de donner aux ministres mal élevés une leçon de tenue, de convenance et de correction professionnelle. Enfin, lorsque le ministre des affaires étrangères de France répond à la sauvagerie allemande par une affirmation de la tolérance et de l'hospitalité françaises, et proclame à la face de l'Allemagne ramenée à la servitude barbare du passeport, que la France reste une terre hospitalière, ouverte à tous, où tous sont également libres, impartialement protégés, il témoigne évidemment d'une supériorité morale et sociale qui peut nous inspirer une juste fierté.

Le malheur est que nous soyons seuls à nous en apercevoir. La conscience actuelle de l'Europe est faussée par l'oppression que M. de Bismarck fait peser sur elle. M. de Bismarck est un barbare du Moyen-Age ressuscité parmi nous, qui cultive la violence comme nous cultivons la justice, et dont le brutal génie impose ses mœurs, ses sentiments et ses goûts aux satellites qui gravitent autour de lui. De là vient, pour une large part, le malentendu qui nous met au ban des nations.

Il faut bien avouer aussi que les manifestations de notre politique intérieure contribuent singulièrement à l'aggraver. Sans doute, c'est manquer également de sens critique et de justice que de juger la France par la tenue des partis. Les partis ne sont qu'une écume à la surface de la nation, et l'agitation chronique qu'ils entretiennent ne peut être légitimement considérée comme l'expression de notre état. Malheureusement, l'étranger ne voit pas autre chose. Il voit ce que nous montrons, c'est-à-dire nos querelles, nos troubles, nos crises, nos assauts, nos culbutes, nos insanités et nos fureurs ; il voit ce tourbillon de passions et d'appétits qui ne laisse rien en place, cet assaut incessant de factions aux prises qui fait ressembler la France à une ménagerie dont on aurait ouvert les cages et mêlé les hôtes.

Que voulez-vous qu'on pense d'une nation qui ne se révèle au dehors que par de pareils spectacles ? J'ai vu naguère, à Smyrne, de bons Français s'enquérir, avec une angoisse naïve et touchante dans sa patriotique piété, de l'état mental de notre pays ! Les étrangers, ceux-là surtout qui ont intérêt à nous calomnier et à nous faire haïr, n'y mettent aucune précaution. Ils jugent Paris par son conseil municipal, la France par ses pouvoirs publics, et, comme ils n'aperçoivent rien en tout cela qui les oblige au respect, ils en concluent couramment que la France n'est plus qu'un peuple de fous et de bateleurs.

De leur côté, les gouvernements monarchiques se croient obligés de défendre le principe sur lequel ils reposent contre la contagion révolutionnaire dont la République est le foyer. Ils enseignent l'ordre à leurs peuples en leur dénonçant l'anarchie républicaine, comme les Spartiates enseignaient la sobriété à leurs fils par l'exhibition d'ilotes ivres. M. de Bismarck avait dès longtemps prévu ou prédit ces conséquences fatales de la République. Rappelons-nous toujours les instructions qu'il donnait, en 1872, à son ambassadeur en France, le comte d'Arnim : « L'Allemagne a besoin que la France soit faible. Nous ne devons pas la rendre capable de conclure des alliances en favorisant chez elle l'établissement d'une monarchie. Tant qu'elle n'a pas d'alliés, nous n'avons rien à craindre d'elle, et la République française trouvera difficilement un allié parmi les États monarchiques. »

Ces calculs haineux ont été trompés par un côté. La France est forte par ses institutions militaires, et si le régime actuel disparaît assez vite pour que la loi nouvelle n'ait pas le temps d'annihiler l'armée, elle restera assez forte pour envisager sans terreur les coalitions dont il est l'âme. Mais il n'est que trop vrai que la France républicaine, non seulement n'a pas d'alliés, mais que tous les gouvernements monarchiques qui comptent dans le monde, à l'exception de la Russie, se sont alliés contre elle. Le discours de M. Tisza n'était-il pas en germe dans cette note, plus édifiante encore, que M. de Balan, alors ministre des affaires étrangères d'Allemagne, écrivait, sous la dictée de M. de Bismarck, au même ambassadeur : « La France monarchiquement constituée sera pour nous un danger bien plus grand que celui que le contact des institutions républicaines pourrait faire surgir. Le spectacle que ces institutions nous présentent est plutôt fait pour nous servir d'épouvantail. »

C'est un épouvantail pour les peuples et un moyen pour les gouvernements qui les associent ainsi à leurs mauvais desseins. Un journal radical écrivait dernièrement que la sympathie des peuples nous console de l'insolence de leurs ministres. Ceci n'est pas même de l'illusion : c'est de la rhétorique, et de la plus niaise qui soit au monde. Les peuples ont peut-être de nous une idée pire encore que ceux qui les gouvernent, parce qu'ils sont plus mal renseignés. Il y a entre leur éducation monarchique, faite de tradition, d'attachement, de respect et de foi, et le débraillement anarchique qu'ils nous prêtent, une incompatibilité violente qui va jusqu'à l'aversion. Les mœurs politiques qu'on étale chez nous, les doctrines qu'on professe, les aspirations qu'on avoue, les fins qu'on prépare les inquiètent et les irritent, de la même façon et pour les mêmes raisons que les vociférations d'une troupe d'ivrognes donnent aux gens paisibles et délicats l'envie d'aller chercher la garde.

En nous dépouillant, avec une sorte d'ostentation cynique, des croyances qu'ils retiennent, des affections qu'ils cultivent, des institutions qu'ils révèrent, nous croyons être en progrès sur eux, et nous nous imaginons naïvement qu'ils nous admirent et sont prêts à nous suivre. Ils prétendent, eux, que le progrès entendu de cette façon n'est qu'un recul vers la barbarie, et ne se trompent guère. Il est incontestable, en effet, que l'évolution révolutionnaire qui est la fatalité de la République nous rapproche insensiblement de l'état sauvage. Rien ne distingue les conceptions politiques et sociales d'un anarchiste de l'état de nature où vit un indigène de la Papouasie. Ce n'est pas pour rien que les révolutionnaires de 93 se proclamaient *sans-culottes*, et que les insurgés de Carthagène, en 1874, s'étaient appelés les « sans-chemises », *los descamisados*. Dans l'un et l'autre cas, c'est un retour à l'animalité des races primitives. Un pays qui ne s'exhibe au monde que sous cet aspect

naturaliste ne peut prétendre ni à beaucoup de respect, ni à beaucoup de sympathie. Il doit nécessairement sembler aux peuples choqués du spectacle qu'il
n'a droit qu'aux verges.

Il ne suffit pas de nous dire à nous-mêmes que ces
extravagances sont le fait de minorités sans consis-
tance et sans crédit, et que c'est calomnier odieuse-
ment la France que de se la représenter à leur image.
L'argument est juste ; mais il n'a de portée que chez
nous, et ne passe pas la frontière. On ne connaît et
l'on ne peut effectivement connaître là-bas que ces
minorités tapageuses et forcenées qui sont tout ce
qu'on voit de la France, et finissent ainsi par la per-
sonnifier. L'Allemagne et ses alliés n'épargnent rien,
d'ailleurs, pour répandre et fortifier dans l'esprit de
leurs peuples cette méconnaissance intéressée de la
nation française.

Il y a, par exemple, à Paris, des sectes révolutionnaires aussi variées qu'insignifiantes : mutuellistes,
collectivistes, possibilistes, blanquistes, anarchistes
et fumistes de toute catégorie. Cela crie à tue-tête et
s'agite à foison, sans que personne y prenne garde
en France. Mais l'étranger les écoute et fait couramment passer leurs extravagances pour les manifestations les plus certaines de notre état d'esprit. Il y
a des journaux qu'on dirait faits par des singes, tant

ils marient agréablement les grimaces à l'incongruité.
On les prend ici pour ce qu'ils valent. Mais, au-delà
des Vosges, on les recueille, on les reproduit et l'on
enseigne aux Allemands crédules à nous juger sur ces
échantillons. On n'écrit pas, en France, une phrase
compromettante ou folle qui ne soit exploitée par le
service de la presse allemande, et si mince que soit le
grimaud qui l'édite, c'est la France elle-même qui en
supporte la responsabilité.

Il faut donc nous résigner à reconnaître que nous
n'avons à l'étranger ni alliés ni amis, que les gouvernements et les peuples nous méconnaissent également, les uns par tactique, les autres par ignorance,
et qu'il ne peut sortir d'une situation pareille que des
ennuis comme ceux qui nous assaillent, ou des périls
comme ceux qu'ils nous annoncent. Nous pouvons
assurément y répondre avec la dignité tranquille de
gens que n'émeut point la menace et qui sont prêts à
faire face au danger, de quelque côté qu'il vienne. Il
convient d'y joindre une préparation incessante à la
guerre, dût-on précipiter notre ruine financière pour
avoir des soldats, des cadres et des armes. Mais il
n'en reste pas moins que cet état de peuple en qua-
rantaine est un état détestable, humiliant et dangereux, et que si notre premier soin est de veiller à
nous défendre contre les accidents qu'il comporte, le

second devrait être d'en sortir, puis de travailler ensemble à rendre à la France isolée et honnie les conditions d'existence qui font l'honneur et la sécurité
des nations.

4 septembre 1888.

L'AVÈNEMENT DE GUILLAUME II.

Il y a trois mois, le vieil empereur Guillaume de Prusse, fondateur d'empire et ravageur de peuples, s'éteignait dans la splendeur de sa gloire, et le monde entier saluait ce coucher d'astre d'un long tribut d'hommages et d'admiration. Hier, l'empereur Frédéric III est mort à son tour, après un règne aussi court qu'obscur, et il semble que l'opinion publique ne s'en soit que faiblement émue, en Allemagne comme à l'étranger. C'est manquer également de justice et de jugement. Le mort d'hier valait mieux que l'autre, au regard de l'humanité, et le changement de règne qui s'accomplit par sa mort est autrement redoutable à la paix du monde. Mais l'âme des peuples est ainsi faite qu'elle s'attache surtout au décor des événements et ne regarde pas tout de suite aux conséquences. Le règne éclatant et terrible de Guillaume Ier l'avait subjuguée, et elle mesurait la manifestation de son deuil à la grandeur tragique des souvenirs qu'il laissait derrière lui. Frédéric III n'a pas été même une espérance : on avait escompté sa fin fatale et prochaine, avant d'en connaître le terme ; son règne n'a été qu'une agonie ; il a vécu dans l'angoisse, et le seul sentiment qui environne sa tombe est une immense pitié.

Il est possible que le temps y ajoute de terribles regrets. Rien, à vrai dire, dans son règne éphémère, ne témoigne avec certitude de la politique pacifique, réformatrice et libérale dont on le disait pénétré. Il n'a eu ni le temps ni la force de la mettre en œuvre. Mais on savait, au moins, qu'il n'était pas le soldat automate, raide, brutal et gourmé, sur le patron duquel la Prusse a l'habitude de façonner ses rois. Il y avait un homme en lui, libéral, généreux et sensible, imbu de l'esprit des temps nouveaux, pénétré des nécessités politiques et sociales qui gouvernent aujourd'hui les nations, disposé, par cela même, à faire prendre l'air à son peuple, à le faire sortir de sa caserne, à l'affranchir de cette gangue féodale dans laquelle le militarisme prussien a comprimé son génie, et peut-être à débarrasser le monde de cette préparation incessante à la guerre, des ruines qu'elle fait et du cauchemar qu'elle entretient.

L'homme qui, en prenant possession du trône, a osé dire à l'Allemagne militaire, grisée par ses victoires, qu'il était « indifférent à l'éclat des actions qui donnent la gloire », n'était ni un esprit servile ni un cœur vulgaire ; la lutte obscure qu'il avait engagée contre le régime autocratique de M. de Bismarck, et qu'il a soutenue jusqu'à l'extrême limite de son agonie, dit assez ce qu'eût été son règne, s'il avait pu régner.

De sérieuses préventions s'élèvent contre le jeune prince qui lui succède ; mais ce ne sont que des préventions, et il serait déraisonnable de tirer l'horoscope du nouveau règne, d'après des témoignages aussi incertains et aussi téméraires que ceux-là. On sait seulement qu'entre le père et le fils il y avait un parfait contraste d'idées, de goûts et de tempérament ; qu'autant Frédéric III marquait d'éloignement ou de dédain pour le type du *junker* prussien, autant son héritier s'est plu jusqu'ici à en exagérer l'esprit et les allures ; que son âme est toute militaire, et qu'il est imbu jusqu'aux moelles des préjugés, des mépris, des brutalités et des haines qui sont l'accompagnement ordinaire d'une telle éducation ; que ses conceptions gouvernementales ne paraissent pas excéder le caporalisme dont M. de Bismarck a fait un système de gouvernement, et que le vieux Guillaume, se voyant revivre tout entier dans la personne de son petit-fils, le comblait de ses prédilections.

On se rappelle aussi les sorties orgueilleuses et menaçantes auxquelles il s'est abandonné, chaque fois qu'il a eu occasion de témoigner des passions qui l'animent, et la proclamation qu'il vient d'adresser à l'armée pour lui annoncer son avènement ne dément pas l'opinion qu'on avait de lui : « Nous appartenons l'un à l'autre, moi et l'armée. Nous sommes nés l'un pour l'autre, et nous resterons unis par un lien indissoluble, soit que nous ayons, par la volonté de Dieu, la paix ou la tempête. » Le Dieu qu'il adore est Sabaoth, le dieu des armées. L'aïeul pillard et mystique qui associait si dévotement le ciel à ses dévastations, se reconnaîtrait dans ce piétisme barbare qui fut, de tout temps, dans la bouche des prophètes armés du glaive ou des conquérants, l'un des pires fléaux de l'humanité.

Il n'en faut pas conclure pourtant que cette intempérance belliqueuse va déborder sur le monde et que Guillaume II ne songe à glorifier son règne qu'en mettant l'Europe en feu. La responsabilité du trône est une forte école de sagesse. Les choses changent d'aspect à ces hauteurs : on les envisage avec plus de réflexion, parce que le regard porte plus loin, et le souverain qui a charge de peuple ne se permet plus de raisonner comme un colonel de hussards. On a fait justement observer que le nouvel empereur n'est pas le maître de la guerre, alors même qu'il aurait le dessein prémédité de la faire. Il faut, pour courir une

pareille aventure, soulever l'Allemagne, et l'entraîner dans son sillon. Or le peuple allemand résiste de
toutes ses forces à cet entraînèment belliqueux. Il a
plus de gloire qu'il n'en faut à ses appétits pacifiques ;
il préfère hautement la paix du foyer aux hasards de
la conquête, et pour le jeter dans la guerre, il faudrait
préalablement obtenir qu'il y fût violemment provoqué.

Il ne faut pas croire, d'ailleurs, que ce jeune prince,
tout en conservant le système autocratique qui a si
merveilleusement profité à son aïeul, y doive trouver
la même liberté d'action. Il n'a pas sur ses peuples
l'autorité souveraine, faite d'affection et de piété, que
l'empereur Guillaume Ier devait à l'éclat de ses victoires et à l'incomparable majesté de sa vieillesse. Bien
que l'Allemagne soit, à certains égards, une nation
encore barbare, elle n'a pas été sans subir la contagion bienfaisante des idées libératrices et des mœurs
civilisées. Beaucoup d'aspirations nouvelles, qui se
contenaient sous le vieux Guillaume, parce qu'elles
n'attendaient rien de lui, vont se produire et se répandre sous le nouveau règne ; le parti féodal et le parti
militaire, associés pour préserver l'Allemagne de toute
innovation libérale ou démocratique, lutteront pour
en comprimer l'effort. C'est le principe de difficultés
intérieures, dont il est difficile de mesurer dès mainte-

nant la portée, mais qui suffiront peut-être à occuper l'empire et à le garder des aventures.

Si fondées que soient ces espérances de paix, il y aurait cependant imprudence à ne pas tenir compte du changement de règne qui vient de s'accomplir. Il suffit d'un incident à la frontière ou d'un violent accès d'humeur, chez un prince jeune, hautain, fougueux et violemment épris de gloire militaire, pour renverser à l'improviste toutes ces barrières et déchaîner la tempête. Et, perspective plus redoutable encore, on peut prévoir que le système d'alliances contractées contre nous trouvera, dans ce jeune homme, un partisan autrement empressé que ne l'eût été son père, que la Ligue de la paix, comme on dit là-bas, peut aisément se transformer en ligue offensive, et que l'Allemagne, qui ne nous ferait pas la guerre toute seule, n'hésiterait plus le jour où elle entraînerait les autres à l'attaque. La France, qui ne menace personne, n'en est pas moins le cauchemar de l'empire, et ce n'est point faire tort au génie de M. de Bismarck que de le supposer capable de saisir toute occasion qui lui serait offerte de l'anéantir.

Si le complot n'est pas probable, il est, au moins, possible, et c'est assez pour nous imposer le devoir de préparer notre défense. Tous les journaux de France sont d'accord sur cette nécessité : tous, sans acception de parti, après avoir commenté la mort de Frédéric III et l'avènement de Guillaume II, ont abouti à la même conclusion : veillons et préparons-nous ?

Eh bien ! qu'avons-nous fait jusqu'ici pour notre préparation ?

Nous avons fait de la politique, et la politique à laquelle nous nous sommes adonnés n'a été qu'un bouleversement systématique des règles, des lois, des traditions, des principes et des précautions qui constituent la force des armées. Nous avons changé tous les six mois de ministre de la guerre, et tout ministre nouveau n'a usé de son pouvoir éphémère que pour démolir ce qu'avait fait son prédécesseur. Nous avons subordonné nos institutions militaires à nos institutions politiques, et nous avons voulu que l'armée fût faite à la ressemblance d'un parti : nous lui avons soufflé nos querelles, nos haines, nos engouements, nos jalousies, nos défiances et nos misères ; nous avons brisé sa grande et forte unité par l'esprit de coterie, et troublé son patriotisme en faisant entendre au soldat qu'il y a pour lui des causes meilleures à servir que celle du pays tout seul. Puis, après l'avoir perverti, nous l'avons affamée. C'est sur elle que nous avons pris l'argent qu'il fallait pour payer nos dilapidations civiles. Pour économiser les soldes, nous avons réduit les corps de troupes à l'état de squelettes, et nos régiments, vides de soldats, ne présentent plus, au regard de l'étranger qui nous observe, que des cadres et des recrues. Nous avons enfin couronné cette œuvre de démence par le vote d'une loi militaire qui est le plus sûr des instruments de mort !

Et cette série de crimes contre la patrie n'a pu s'accomplir que parce qu'on n'a pu rencontrer encore un ministre de la guerre qui sût penser et parler en soldat. Tous ont sacrifié à la raison politique, et pas un d'eux ne s'est dit qu'en consentant ces sacrifices à l'esprit de parti, au détriment de l'armée, il sacrifiait la patrie elle-même. Car l'armée est notre unique sauvegarde contre les dangers qui nous assiègent, et tout ministre qui diminue sa force numérique ou morale, en subissant des innovations qu'il sait funestes, commet le même crime que s'il livrait cette chance à l'ennemi. Je connais assez les Chambres pour savoir que le ministre de la guerre qui oserait dire ces vérités à la tribune, avec la généreuse rudesse qui convient à son rôle, serait frénétiquement acclamé. Il ferait ce qu'il voudrait, et toutes les imaginations incongrues dont on nous fait des lois n'attendraient pas, pour disparaître, qu'il prît la peine de les combattre. Mais aucun d'eux n'a eu ce courage. Ils ne sont pas plutôt entrés dans la ménagerie parlemontaire qu'ils se font des opinions civiles, et comme tout soldat fourvoyé dans la politique est plus inno-cent qu'un conscrit et plus faible qu'un enfant, il s'ensuit que l'armée meurt des mains mêmes de ceux qui ont mandat de la défendre.

Si l'esprit révolutionnaire n'était une affection morbide qui oblitère la conscience et fausse le patrio-tisme, c'est le parti républicain tout entier qui s'asso-cierait à nos adjurations. Car l'existence de la Répu-blique est directement solidaire de la fortune qu'elle réserve à la patrie. La guerre inévitable sera pour elle la suprême épreuve ; elle vivra de nos succès ou mourra de nos désastres. Que la République fasse une campagne heureuse et parvienne à recon-quérir l'Alsace-Lorraine, tous les partis s'évanouiront comme une fumée devant elle, et il n'y aura pas de monarchiste qui ne mêle ses vivats aux acclamations des siens. Mais si elle nous mène à la défaite et aux conséquence exterminatrices que la défaite entraîne, après avoir obtenu du pays tout ce qu'elle a voulu pour préparer la victoire, elle sombrera dans la plus épouvantable Jacquerie, et je ne sais, en vérité, quel parti pourrait avoir l'ambition de régner sur la ruine sanglante qu'elle aurait laissée.

19 juin 1888.

LE DROIT DYNASTIQUE

On l'appelait autrefois le droit divin, et c'était le mot juste. Lorsque Dieu distribuait les couronnes, et que les peuples s'accordaient à croire qu'il avait marqué d'un signe la race destinée à régner sur eux, leur confiance conférait à la dynastie régnante un privilège qui avait tout le caractère et toute la portée d'un droit. C'est la loi des peuplades idolâtres qui fait la sainteté de leurs idoles. Mais à mesure que leur foi décline, l'idole s'avilit, et bientôt leurs âmes désenchantées ne voient plus qu'un bloc de pierre ou de bois dans le dieu qu'elles avaient adoré. Le droit dynastique a subi la fata'ité de ce déclin qui est la loi commune de toutes les superstitions. Après des siècles d'amour et de foi, il a connu l'épreuve du scepticisme et de la désaffection : la royauté s'est abaissée à mesure que ses sujets s'élevaient à la liberté. Puis la révolution est intervenue qui a violemment et d'un seul coup renversé les situations, et substitué la volonté du peuple au bon plaisir du roi.

Le droit dynastique, dont on parle couramment encore, sans prendre garde à l'anachronisme de l'expression, ne s'applique maintenant qu'au passé. Il
désigne un culte resté sans fidèles parmi nous, et dont
le comte de Chambord fut le dernier croyant.

Il se peut qu'on ait raison de s'en plaindre; mais il
serait parfaitement absurde de vouloir substituer le
regret du passé, si légitime qu'il paraisse, aux nécessités du présent. Il ne manque pas d'esprits délicats
et hautains que choque ou désespère l'inintelligence
de la démocratie, et qui lui contestent le droit à la
souveraineté, parce qu'elle en fait un indigne ou stupide usage. C'est vraiment une antinomie que la souveraineté d'une brute. Le suprême pouvoir ne va
bien qu'au suprême savoir. Il paraîtrait donc plus
conforme aux lois de la raison et aux intérêts de la
patrie que la souveraineté ne fût dévolue qu'à l'élite,
comme on le faisait avant l'avènement du suffrage
universel, ou bien encore qu'on recherchât dans une
restauration du droit monarchique les conditions de
stabilité et de durée que la démocratie paraît incapable de fournir toute seule.

Beaucoup de royalistes raisonnent ainsi, et leurs
raisonnements peuvent être, théoriquement, irrépro-
chables; mais cela ne leur sert à rien. La théorie ne
prévaut jamais contre le fait, et le fait c'est la souve-

raineté vivante, inéluctable, indéfectible du peuple.
Le peuple est souverain, non parce qu'il le mérite,
mais parce qu'il lui plaît de l'être, et qu'il n'y a ni
raison ni force au monde qui le puisse empêcher d'ê-
tre souverain. De tout temps et dans toute société, le
peuple est souverain, sinon de droit, au moins en
vertu de la force et du nombre. Il est maître des institutions et des couronnes, comme un troupeau quelconque est maître de l'enfant qui le conduit. Pour
écraser qui le mène, il ne manque au troupeau comme
au peuple que de le vouloir, ou peut-être d'y penser.

Qu'il y ait droit ou non, cela n'importe guère.
Les principes abstraits sont de peu de poids dans la
conduite des foules. En fait, la force prime le droit
partout. Le seul recours des champions du droit,
c'est que la raison prime la force. Aux époques nor-
males et dans les sociétés bien ordonnées, cette souveraineté semble s'ignorer elle-même, et reste docilement soumise aux traditions et aux lois qui la
gouvernent. Aux époques révolutionnaires et dans
les sociétés trop démocratisées, elle s'amuse à jeter
bas tout ce qui s'élevait au-dessus d'elle, et, seul
principe resté debout, elle apparaît, dans le champ
qu'elle a nivelé, comme un rouleau formidable qui
suit la pente, sans main qui le dirige et sans frein
qui le contienne.

Nous en sommes là, et je comprends qu'on hésite à s'en réjouir. Je constate que cette souveraineté du nombre est un fait ; je ne prétends pas que ce soit un bien. J'aurais même quelque peine à contredire ceux qui préfèrent à cette démocratie nivelée et niveleuse le gouvernement aristocratique et les sociétés hiérarchisées. La foule est un mauvais conseil. Tout ce qui s'est accompli de grand dans le monde, même aux plus belles époques des républiques grecque et romaine, est l'œuvre de l'élite, œuvre ignorée du nombre, ou dont le nombre n'a été que l'instrument. La démocratie toute pure, c'est-à-dire laissée à elle-même, sans guide et sans loi, ne compte, dans le passé, que des œuvres néfastes ou simplement grotesques. C'est aussi pour cela que je ne suis pas républicain. Je confesse sans hésitation la supériorité du principe dynastique et des royautés traditionnelles. Je ne fais aucune difficulté de reconnaître que la restauration de la royauté légitime eût été et serait encore un grand bien, s'il était possible de restaurer avec elle le milieu social où elle a vécu et prospéré, c'est-à-dire un état parfait d'harmonie de goûts, d'intérêts et d'idées entre le peuple et le roi.

Mais, cette part faite à la doctrine, quelle part devons-nous faire à la réalité ? Les trois révolutions qui ont renversé trois dynasties en moins d'un demi-

siècle, nous ont réduits à cet état de nudité parfaite
où s'était mis volontairement Descartes, lorsqu'il en-
treprit de reconstituer l'édifice de la philosophie.
Rien ne reste du passé et les fondements de l'avenir
sont encore invisibles. Il y a table rase partout. Une
seule chose est certaine et s'impose impérieusement
à tous les partis : c'est que la démocratie est notre
commune souveraine, qu'elle règne sans partage sur
nous tous, et qu'il n'y a désormais d'autre principe
de gouvernement légitime et réalisable que sa souveraineté même. Que sert-il d'invoquer contre ce fait,
immuable autant qu'il est brutal, le droit dynastique,
lorsqu'il n'existe aucun moyen de le faire prévaloir
contre elle ?

Dans les pays de tradition monarchique, où le fils
succède au père, où le roi engendre le roi, sans opposition, sans interruption, sans qu'une voix discor-
dante s'élève contre la transmission de la couronne,
l'appel au pays serait une mesure révolutionnaire et
un péril pour la paix publique. Là, le droit résulte
du consentement tacite de l'opinion. Si la Monarchie
n'est plus d'institution divine, elle reste, du moins,
un principe d'utilité publique, et ce titre seul, à défaut de ceux qui l'illustrent, suffirait à la rendre sacrée. Mais, chez nous qui sommes en révolution depuis
cent ans, qui avons essayé, dans cet intervalle, de

trois dynasties et de trois républiques, sans qu'aucun
régime ait pu se perpétuer, où les générations ont
changé tous les quinze ans de gouvernement et d'o-
pinion, n'est-ce pas folie de prétendre qu'une seule
chose est restée intacte, parmi tant de ruines : le droit
d'une famille à régner sur elles !

Que les prétendants entretiennent et répandent les
souvenirs, les regrets, les dévouements, les espérances, les traditions qui reposent sur eux, rien n'est
plus légitime ; c'est leur privilège incontestable et
incontesté. Mais, pour Dieu ! laissons dormir le droit
dynastique dans le monument funéraire et glorieux
que lui ont élevé les siècles ; résignons-nous à reconnaître, d'un côté comme de l'autre, le droit exclusif
de la France à choisir qui la gouverne ; prenons bravement le suffrage universel pour arbitre des rivalités
qui nous dévorent, puisqu'on ne peut rien sans lui
ni contre lui, et que notre soumission préventive à sa
volonté souveraine nous unisse dans la politique,
comme le patriotisme nous unit dans la solidarité des
principes et des intérêts que nous servons ensemble !

18 décembre 1883.

LE 2 DÉCEMBRE

Dans le flot bariolé des politiques et des sectaires, des croyants et des badauds qui sont allés, hier, à Montmartre flétrir le 2 Décembre et glorifier Baudin, on ne trouverait pas un homme qui ne tienne le 4 Septembre pour une journée glorieuse et bénie ; cette claudication dans les principes suffit à mesurer la valeur et la portée de la manifestation. Les républicains se sont fait à eux-mêmes une morale politique singulièrement commode. Lorsqu'ils sont dans l'opposition, ils professent que l'insurrection est le plus saint des devoirs, et célèbrent, comme des exemples héroïques, toutes les tentatives qu'a faites leur faction, dans la suite des âges, contre les gouvernements monarchiques. Mais, lorsqu'ils occupent le pouvoir, l'opposition devient factieuse à leurs yeux, et l'insurrection passe pour le plus inexpiable des crimes. C'est pour cela que les démonstrations carnavalesques comme celle d'hier font simplement hausser les épaules aux gens qui ont le cœur bien placé et la tête bien faite.

Baudin fut certainement un brave homme et un bon citoyen. Mais ni l'intégrité de sa vie, ni la tragique beauté de sa mort ne peuvent suffire à réformer le jugement que portèrent les contemporains et que portera la postérité sur le 2 Décembre. Le coup d'Etat fut proprement et rigoureusement la revendication du droit contre la légalité. Les républicains en racontent l'histoire de cette façon sommaire : — Le prince Louis-Napoléon Bonaparte viola la Constitution qu'il avait jurée et fit assassiner les citoyens qui la défendaient. — En présentant l'événement sous cet aspect, on n'a pas de peine à démontrer que ce fut un crime. Mais en remettant les choses à leur point, on s'aperçoit que ce fut seulement la revanche du droit populaire aveuglément opprimé et la délivrance de la patrie.

Il y avait conflit entre le président de la République et l'Assemblée. Lequel de ces deux pouvoirs était la représentation la plus exacte et la plus certaine du pays ? Le prince-président, élu par le suffrage universel, représentait en sa personne cinq millions de suffrages, tandis que les parlementaires qui lui faisaient la guerre n'en représentaient certainement pas la moitié. — Ce n'était pas une raison, dira-t-on, de leur mettre le pied sur la gorge ; car le droit n'est pas une question de chiffres ; il se suffit à lui-même et règne en vertu des lois. A ce titre, le moindre des élus de l'Assemblée était aussi inviolable, devant lui, que l'élu de cinq millions de citoyens. — Soit ! Mais encore, quel était l'arbitre entre ces droits rivaux ? et que fallait-il faire pour dénouer ce conflit fatal et intolérable pour tout le monde ? Il fallait en appeler au peuple, de qui tout droit politique émane, et provoquer la révision de la Constitution.

C'est précisément ce que voulait faire le prince-président, et c'est à cela que s'opposait l'Assemblée. Un mouvement révisionniste, aussi puissant que celui qui se produit aujourd'hui, se brisait, comme aujourd'hui, contre son obstination et son aveuglement. Au mois de juillet, il y avait quinze cent mille pétitior.-naires qui réclamaient la revision ; mais l'Assemblée ne voulait pas les entendre. La proposition, néanmoins, en fut portée à la tribune, par 232 de ses membres. Elle fut votée par 446 voix contre 278. Et que pensez-vous qu'il arriva ? Que la révision fut acquise ? Point. Il y avait, dans le règlement de l'Assemblée, un article qui disposait qu'en matière constitutionnelle, le vote n'était valable que s'il comprenait les *trois quarts* des voix ! On avait une majorité de 168 voix ; mais elle n'arrivait pas aux trois quarts, et ce fut la minorité qui l'emporta !

C'était la loi ! D'accord : mais on reconnaîtra, sans doute, que la loi peut être, en certaines circonstances, l'envers du droit, de la justice et du sens commun. Le règlement de l'Assemblée eût pu, avec autant de raison, décider que les propositions constitutionnelles ne pourraient être adoptées qu'à l'unanimité des votants. Supposez qu'un seul eût fait échec à la volonté de tous ses collègues. Il aurait eu la légalité pour lui. Qui pourrait soutenir qu'il avait aussi le droit ?

Le peuple n'a jamais eu de goût pour les fictions parlementaires ; il ne regarde qu'aux réalités. Il voulait, avec le prince-président, son élu, la révision de la Constitution, ce qui équivaut à dire qu'il voulait l'Empire ; car il ne l'avait, en réalité, proclamé que pour cela. Une minorité parlementaire faisait obstinément échec à sa volonté souveraine et à la volonté de l'Assemblée elle-même. Alors il s'agita contre elle. Les manifestations et les vœux se multiplièrent à l'infini. A la session d'août, quatre-vingt conseils généraux se prononcèrent pour la revision, et l'Assemblée ne faisait que s'exaspérer dans sa résistance. Ce dissentiment s'aigrissant tous les jours avait son contre-coup sur les affaires et dégénérait en crise universelle. La minorité républicaine qui se sentait vaincue, songeait elle-même à faire son coup d'État,

c'est-à-dire à s'emparer de la personne du prince et
à l'enfermer à Vincennes; et si elle avait achevé le
coup de force qu'elle osa seulement méditer, nul doute
que les flétrisseurs patentés du Deux-Décembre ne
fussent aussi les plus chauds à l'en glorifier. Le prince
prit les devants, et lorsqu'il demanda, quelques
jours après, l'avis du pays, sept millions et demi de
suffrages lui répondirent avec enthousiasme: — Vous
avez bien fait !

On pourra toujours dire que l'approbation donnée
par un peuple entier à un criminel n'empêche pas que
son crime soit toujours un crime, et il est fort heureux, en vérité, qu'il en soit ainsi. S'il en était autrement, la morale publique serait, à chaque instant,
bouleversée par le caprice ou l'aveuglement des foules.
Mais il est juste de noter une différence essentielle
entre les crimes commis contre les lois ordinaires et
la violation des lois politiques. La légalité politique
n'est pas immuablement auguste; elle suit la fortune
de ceux qui l'ont faite. Dans une démocratie où la
volonté du nombre est la source unique du droit
constitutionnel, la légalité commande tant qu'elle
est l'expression visible et certaine du sentiment populaire. Mais lorsqu'il apparaît, à des signes infailli-
bles, qu'elle est devenue caduque, que le peuple l'a
reniée, qu'il réclame, par des millions de bouches,

des institutions nouvelles, plus conformes à ses goûts,
à ses besoins, à son génie, et qu'une faction politique
maîtresse du pouvoir, se prévaut de cette légalité
pourrie pour opposer sa propre tyrannie à la volonté
souveraine du peuple dont elle est la créature et la
servante, il est difficile de soutenir qu'elle est toujours sacrée. Dans ces conditions, la légalité est simplement l'écorce de la loi ; elle n'en est plus l'âme, et
celui qui la viole pour rendre au peuple opprimé ou
trahi la libre disposition de lui-même est vraiment
fondé à dire qu'il est « sorti de la légalité pour rentrer dans le droit ».

Je ne méconnais pas, d'ailleurs, que cette théorie
poussée à l'extrême conduit tout droit à l'anarchie
chronique, et qu'il faudrait renoncer à la stabilité
gouvernementale, si toute agitation populaire impli-
quait la déchéance des institutions et des lois. Mieux
vaut, en tout état de cause, laisser les pouvoirs im-
populaires et moralement déchus, achever leur carrière légale, que de les prendre à la gorge pour en
finir plus vite avec eux. L'Empire lui-même eût gagné
à s'abstenir de cette violence, qui a pesé sur sa carrière et peut-être précipité sa fin, s'il eût été libre de
résister à la pression populaire qui l'y poussait.
J'explique comment et pourquoi le coup d'État s'est
accompli : je ne plaide pas un procès qu'on perd ou

qu'on gagne, suivant la qualité politique des juges.
J'ai voulu montrer seulement que les coups d'Etat
ont leur légitimité comme les révolutions, que le
2 Décembre vaut exactement la révolution de Juillet, qu'il s'explique par des causes identiques et s'ex-
cuse par les mêmes raisons, que la légalité peut être
aux antipodes du droit, et que le pouvoir qui la
viole, dans ces conditions, commet, au regard de la
conscience publique, un crime moins grand que celui qui l'exploite.

Tout le monde jugerait ainsi le coup d'Etat, sans
les sanglants accidents qui le suivirent. C'est de là
surtout que lui est venue sa sinistre renommée.
Victor Hugo a versé là dessus un flot de poésie magnifique, et tous les déclamateurs républicains se
sont mis à l'unisson. Voici, par exemple, l'image
que le poète s'était faite du 2 Décembre :

Les vainqueurs en hurlant dansent sur les décombres ;
Des tas de corps saignants gisent dans les coins sombres ;
Le soldat gai, féroce, ivre, complice obscur
Chancelle, et de la main dont il s'appuie au mur,
Achève d'écraser quelque cervelle humaine.
On boit, on rit, on chante, on ripaille, on amène
Des vaincus qu'on fusille, hommes, femmes, enfants.
Les généraux dorés galopent triomphants,
Regardés par les morts tombés à la renverse.
. . . .
Du sang dans les maisons, dans les ruisseaux du sang !

Les *Châtiments* sont un pur chef-d'œuvre. Cette prodigieuse invective est la seule inspiration sincère à laquelle le poète ait jamais obéi, et c'est là ce qui fait sa fulgurante beauté. Il est, en tout le reste, artiste, visionnaire ou comédien. C'est l'imagination qui chante en lui ; il est rare que le cœur l'accompagne. Mais ici tout son être a vibré. Il semble qu'il ait trempé sa plume dans le venin de ses plaies, dans sa rage de vaincu, dans sa frénésie d'apôtre humilié, dans son orgueil ulcéré, dans son ambition trahie. Tout cela crie et s'ébat, dans ses vers, avec une intensité de style, une violence de couleur, une variété d'images, une richesse d'imprécations, un luxe d'anathèmes qui font de chaque page une merveille, et du livre entier la plus flamboyante des satires. Les dilettantes y trouveront toujours des jouissances infinies ; mais personne, j'imagine, n'y cherche le témoignage de l'histoire.

L'histoire raconte que le chiffre des morts fut de deux cents environ. C'eût été trop d'un seul, surtout si l'on songe qu'ils furent victimes de là plus effroyable plaie qui puisse éprouver un peuple, de la guerre civile. Mais rien, Dieu merci ! ne ressemble moins à l'orgie sanglante que nous a dépeinte Victor Hugo. La République a massacré, en juin 1848 et en mai 1871, cinquante mille républicains, et personne ne s'en soucie. Elle défendait, dira-t-on, la loi contre des insurgés ?

D'accord : mais les pères de la République de 1848, insurgés contre la légalité monarchique, firent autant de victimes que les soldats du Deux-Décembre ; ils brûlèrent tout vifs les hommes de garde au poste du Palais-Royal, et on les tient communément pour des héros ! C'est la justice des partis ; mais la justice des partis, heureusement, n'a jamais réglé le jugement des peuples.

Le gouvernement, avec le concours et l'escorte de tous les républicains parlementaires, a voulu provoquer, hier, le peuple de Paris à protester contre le 2 Décembre et contre l'exemple formidable qu'il laisse après lui. Il n'a réussi qu'à révéler au monde son humiliant et mortel isolement. — Il faut que tout le monde descende dans la rue ! avaient crié toute une semaine les journaux de la faction, et chacun battait de son mieux le rappel dans sa famille. Il est venu trente mille citoyens environ, dont le défilé funèbre, sous le regard indifférent ou gouailleur de la foule, semblait être le convoi de la République. Ah ! c'était bon sous l'Empire, ces fêtes révolutionnaires, alors que le peuple, saoûl de bien-être, ne rêvait qu'à mordre au fruit défendu. Maintenant qu'il a le ventre creux et la poche vide, qu'il est las de misère et avide de repos, il n'a plus de cœur aux pantalonnades. Il a changé d'humeur en changeant de condition. Et voilà le revers des révolutions. La République convie son peu-ple à protester contre le 2 Décembre, et ne prend pas garde que c'est le Décembre qui proteste aujourd'hui contre elle !

4 décembre 1838.

ALBERT DURUY

On me pardonnera, sans doute, de faire trêve aujourd'hui à la politique, et de consacrer cet article à la mémoire d'un homme qui fut en même temps un esprit et un cœur d'élite, et l'un des meilleurs français de notre temps : je veux parler d'Albert Duruy.

Assurément l'hommage le plus complet qu'on pût lui rendre serait de renvoyer le lecteur à l'étude biographique que M. George Duruy vient de publier en tête de la dernière production de son frère : l'*Armée royale en* 1789. Rien ne peut égaler le charme exquis de ces pages toutes pleines d'affection fraternelle et d'admiration attendrie, qui font revivre Albert Duruy tout entier au regard de ceux qui l'ont connu, et forcent les autres à partager l'entrainement de leur sympathie et l'amertume de leur deuil. Il n'est donné à personne d'en parler avec plus de justesse, de grâce et d'émotion. Mais il est permis aux amis restés dans la carrière d'apporter leur témoignage à cette évocation de sa mémoire, et c'est le devoir dont je voudrais m'acquitter.

Outre l'amitié qui m'unissait à lui, j'ai eu la fortune de servir, avec Albert Duruy, les mêmes causes et de combattre le même combat. Nous avions fondé ensemble, il y a une douzaine d'années, avec le patronage de Raoul-Duval, le journal *la Nation*. Le Prince impérial vivait encore. Nous avions entrepris d'apprendre à la France quel règne il lui promettait, et j'ose dire que jamais chef de parti ne sut inspirer à ses fidèles une foi plus sûre d'elle-même et un plus fervent attachement.

Lui aussi eût été Marcellus, s'il avait pu vaincre sa destinée ! Il avait tout ce qui fait l'honneur des trônes et le bonheur des peuples. Il avait le charme ineffable de la jeunesse, ses élans généreux, ses sublimes ardeurs, et son cordial sourire, son culte passionné du grand et du beau. Il avait l'autorité, la force, la résolution, le sentiment de son devoir et la religion de son nom ; il avait surtout l'amour ardent de la France et un souci religieux de l'opinion qu'elle devait prendre de lui. S'il s'en fut au bout du monde périr misérablement dans un guet-apens de sauvages, c'est qu'avant de réclamer le trône, il voulait lui prouver qu'il était digne de régner sur elle.

A le voir dans tout l'éclat de ses dons, il semblait

que Dieu l'eût formé tout exprès pour l'œuvre bénie
de la renaissance nationale et des grandes réparations. Et certes son règne, s'il eût régné sur nous,
devait être l'égal des meilleurs et des plus beaux. Il
n'a fait, hélas ! que passer sous nos yeux comme une
promesse, et maintenant son héroïque et touchante
figure a déjà rejoint dans le passé celle du duc de
Reichstadt, ce jeune fils de Napoléon qui, lui aussi,
ne fut qu'une aurore.

Le journal que nous faisions procédait de ce rayonnement d'idées, d'espérances, d'ambitions généreuses
et de rêves patriotiques dont l'âme du Prince impérial
était le foyer. Il était jeune d'allure et fort indépen-
dant dans ses appréciations. Cette nouveauté nous
valut plus de compliments que de succès. M. Rouher
avait un sentiment très vif de la discipline et se mon-
trait passionnément jaloux de son autorité. Je ne le
reproche pas à sa mémoire : c'était gênant, mais juste.
Il avait vu avec déplaisir que la *Nation* s'était fondée
sans lui, et qu'elle ne prenait pas le mot d'ordre dans
sa maison. Il en entrava l'essor autant qu'il le put,
et finit par l'obliger à se fondre dans l'*Ordre*. Ce fut
un plongeon complet dans la nuit. Quelques lettrés
se souviennent encore de cette passe d'armes et de
l'accident qui la termina. C'est tout ce qu'il en reste.

A quelques mois de là, le Prince impérial, en quête

de renommée, s'en allait mourir dans le Zoulouland,
et toute la politique d'Albert Duruy s'effondrait avec
lui. Mais il avait l'âme trop française pour se désin-
téresser des événements ou des questions qui tou-
chaient aux conditions de notre existence de peuple,
et devaient peser ultérieurement d'un poids décisif
sur nos destinées. C'était l'époque où le parti républicain, devenu le maître absolu du pouvoir, inaugu-
rait cette guerre imbécile et sauvage contre la liberté
religieuse et la liberté d'enseignement qui avait pour
principe et pour fin d'acclimater la France au régime
de la bestialité toute pure. Cette période est une des
hontes de notre histoire, et l'avenir ne l'envisagera
qu'avec cette tristesse mêlée de dégoût qu'on éprouve
chaque fois que s'éclipse le génie des nations.

Albert Duruy fut des premiers à se croiser contre
cette barbarie. Bien qu'il fût, par tempérament,
plutôt soldat que professeur, il tenait de famille une
sorte de culture professionnelle qui le rendait particulièrement propre à traiter les questions d'enseignement. Il publia, dans la *Revue des Deux-Mondes*,
une série d'articles qui honorèrent grandement le
nom déjà illustre dont ils étaient signés. C'est qu'il y
avait autre chose qu'une thèse, si noble qu'elle fût,
sous ces éloquentes protestations : on y sentait le
souci généreux des conséquences que cette oppression

des esprits et des cœurs devait avoir sur le moral même de la nation. Ce trait s'accuse à mesure que la discussion s'élargit. Du domaine de l'enseignement le conflit pénètre dans le domaine religieux, et Albert Duruy s'engage avec une véhémence croissante dans le parti des opprimés.

Les questions religieuses n'avaient occupé jusque-là qu'une place secondaire dans ses soucis. Mais, outre qu'il avait appris sur les champs de bataille, comme le rappelle son frère, que les fortes croyances aident beaucoup à bien combattre et à bien mourir, il avait une âme naturellement chevaleresque et hautaine qui se choquait de toute brutalité, et que révoltait l'oppression. Soldat, par choix, des causes vaincues, il eût tenu pour une déchéance morale de garder un seul trait de ressemblance avec des vainqueurs de cette espèce, et la réaction de ses instincts et de ses goûts finit par lui donner les sentiments et les idées de ceux qu'inspirait la foi. Ce sont là des phénomènes psychologiques propres aux esprits d'élite que ne comprendra jamais le servile et sot troupeau des oppresseurs. Mais il ne se doute pas non plus qu'il y a dans la défense des causes saintes, et jusque dans les sacrifices qu'on subit pour elles, des jouissances autrement chères aux âmes bien nées que celles qui plaisent à leurs bourreaux. Personne ne

les a plus âprement recherchées, ces jouissances
orgueilleuses, et plus éloquemment exprimées qu'Albert Duruy. — « Il y a, disait-il, pour les âmes un peu
bien situées, des satisfactions qui échappent au vulgaire et qui sont déjà, par elles-mêmes, une revanche.
La foule peut se donner d'autres jouissances et les
partager avec ses serviteurs; elle ne connaîtra jamais
cette volupté de sentir qu'on est un contre dix et
qu'on ne se rend pas, qu'on a contre soi la force
imbécile et brutale, et qu'elle vous écrase, mais sans
vous dompter. »

Entre temps, il avait entrepris d'écrire l'histoire
des armées de la Révolution. Pendant une dizaine
d'années il avait, au prix de recherches laborieuses,
amassé les matériaux de l'édifice futur qui eût été
l'œuvre principale de sa vie. Il n'a eu que le temps
tout juste d'en jeter les fondements. C'est cette courte
étude, composée de deux articles sur l'armée royale
que M. George Duruy vient de réunir en volume. Ici
encore se révèle, dès la première page, avec la même
hauteur d'expression, cet amour large, pur et vibrant
de la patrie, qui gouverna sa vie et préside à ses jugements. Il vit, dans l'intimité des archives, en communion constante avec l'armée du roi, et tout de
suite il s'éprend d'elle, de ses milices, de ses soldats,
de ses officiers, de ses généraux, de ses victoires et

de ses malheurs. Écoutez en quels termes un bonapartiste comme lui sait parler de ce passé méconnu
ou calomnié : — « A cette longue communion de tout
mon être avec l'ancien régime, sans compter la joie
de vivre quelque temps d'une vie moins terne et
moins plate que la nôtre, et de changer de contemporains, j'aurai gagné de me sentir un peu plus
français qu'auparavant. Les démocrates ont beau
dire. On n'aime vraiment son pays qu'à la condition
de l'aimer tout entier, sous tous les régimes et dans
la bonne comme dans la mauvaise fortune. »

Personne, à vrai dire, ne l'aima mieux et ne le
servit plus bravement que lui. En 1870, il n'attendit
pas l'épreuve pour se dévouer ; il devança le devoir.
Dès le lendemain de la déclaration de guerre, il s'en-
rôla dans un régiment de turcos, parce qu'il savait
que cette troupe serait la première engagée. Et de
Wissembourg à Sedan, il est de toutes les affaires, le
premier à l'attaque, le dernier dans la retraite, brû-
lant toutes ses cartouches, et suivant avec la joie
farouche du chasseur les ravages que ses balles vont
faire dans les rangs ennemis. Un officier de son régiment le représente « toujours en avant de son
groupe, le fusil haut, l'œil étincelant, la voix vibrante,
entraînant ses compagnons ». L'héroïque simplicité
des billets qu'il envoie à sa famille ou à ses amis dit

encore mieux quelle âme intrépide vivait en lui :
« J'ai les pieds en sang, écrit-il après Frœschwiller ;
les jambes demandent grâce, mais pas le cœur ! »

C'est par le cœur pourtant qu'il devait mourir. La
maladie l'atteignit au siège même de la vie, et pendant cinq années il étudia sur lui les progrès du mal
qui devait l'emporter. Ce n'est pas sans d'intimes
et douloureuses révoltes qu'il en voyait approcher
le terme. Et vraiment il avait le droit d'attendre de
la vie de légitimes compensations à ses déboires et à
ses sacrifices. La destinée lui fut cruelle, autant peut-
être que la nature s'était montrée prodigue envers
lui. Il semblait prédestiné par la richesse et l'éclat de
ses dons, par les conditions politiques et sociales au
milieu desquelles s'ouvrait sa rayonnante jeunesse, à
parcourir triomphalement la vie, et il n'a guère
marché que sur des ruines.

Fils de ministre, et de l'un des plus éminents, il a
vu crouler l'Empire, à l'heure où il pouvait tout espérer de lui ; patriote ardent et soldat d'avant-garde
aux jours de la bataille, il n'a connu que la défaite,
la captivité et le démembrement de la patrie ; ami
personnel du Prince impérial, et plus étroitement
attaché qu'un autre à ses destinées, il a vu sombrer
ses espoirs, ses affections et sa foi dans la tragique
aventure où parut sombrer la fortune même de la

France ; esprit libéral, délicat et lettré, il a senti le pied brutal des barbares peser sur les traditions et les doctrines qui lui étaient le plus chères ; soldat épris des gloires d'autrefois autant qu'avide des revanches triomphantes, il a subi ce double supplice de voir insulter ou méconnaître l'armée de l'ancienne France, et compromettre par des innovations téméraires l'armée d'aujourd'hui.

Que sa mémoire, au moins, soit louée pour tant de sacrifices, de luttes et de nobles exemples, et qu'il reçoive, dans la mort, l'hommage de ceux qui continuent le combat après lui, et ne désespèrent pas de voir enfin le triomphe des causes sacrées pour lesquelles il a si vaillamment combattu !

26 juin 1888.

FIN

TABLE DES MATIÈRES

—

	Pages.
Gambetta et Chanzy	1
Le mal social	10
Ouvriers et patrons	19
Par la dynamite	28
M. de Mun et les corporations	35
Politique foraine	43
Espionnage et délation	50
L'abêtissement	56
Le serment judiciaire	63
La fin du jury	71
Le droit de grâce	80
En vacances	89
Le conseil municipal	97
Princes et prétendants	1r6
L'expulsion facultative	114
Fatalités républicaines	123
L'affolement	130
Le boulangisme	138
Les coups d'État	147
Pourquoi ?	151
Une déchéance	163
République et diplomatie	171
Corruption impériale	179
Responsabilités	190

	Pages.
Ah ! quel malheur !	198
L'amiral Jauréguiberry	205
M. Sadi-Carnot	214
Péril à gauche	232
Le Wilsonnisme	232
Expiation	243
Dictature	250
Le parlementarisme	260
Les modérés	270
M. Floquet	281
Guillaume Ier	289
Devant l'étranger	297
L'avènement de Guillaume II	306
Le droit dynastique	317
Le 2 Décembre	322
Albert Duruy	331

FIN DE LA TABLE DES MATIÈRES